世界优秀手球队技战术指标研究

王珽珽◎著

中国文联出版社
http://www.clapnet.cn

图书在版编目（CIP）数据

世界优秀手球队技战术指标研究 / 王珽珽著 . —北京：中国文联出版社，2018.7

ISBN 978-7-5190-3805-2

Ⅰ . ①世… Ⅱ . ①王… Ⅲ . ①手球运动－运动技术－研究 Ⅳ . ① G844.19

中国版本图书馆 CIP 数据核字（2018）第 163752 号

世界优秀手球队技战术指标研究

作　　者：王珽珽

出 版 人：朱　庆

终 审 人：朱彦玲　　　　　　　　复审人：王　军

责任编辑：刘　旭　　　　　　　　责任校对：傅泉泽

封面设计：人文在线　　　　　　　责任印制：陈　晨

出版发行：中国文联出版社

地　　址：北京市朝阳区农展馆南里 10 号，100125

电　　话：010-85923043（咨询）85923000（编务）85923020（邮购）

传　　真：010-85923000（总编室），010-85923020（发行部）

网　　址：http://www.clapnet.cn　　　http://www.claplus.cn

E-mail：clap@chapnet.cn　　　liux@clapnet.cn

印　　刷：北京市金星印务有限公司

装　　订：北京市金星印务有限公司

法律顾问：北京市德鸿律师事务所王振勇律师

本书如有破损、缺页、装订错误，请与本社联系调换

开　　本：710×1000　　　　　　　1/16

字　　数：189 千字　　　　　　　印　　张：11.25

版　　次：2019 年 1 月第 1 版　　　印　　次：2019 年 1 月第 1 次印刷

书　　号：ISBN 978-7-5190-3805-2

定　　价：46.00 元

前　言

虽然数以百万计的人正在世界各地享受手球运动，但这项运动在中国还欠发达。笔者作为一个玩家，已经给你写好了手球成功的步骤，并将这个新的运动介绍给你，促使你的热情转化为行动。你可以完善地学习手球运动的基本理论和大量技战术，并在训练和比赛中获得实践。

在过去的 20 年里，体育界大量使用数学方法，结合现有的大量数据，分析运动员、运动队的竞技能力，识别趋势和建立模式，并预测比赛结果。从"handballermetricians"分析手球统计获得的数据有助于我们建立完善的手球技战术体系。

如果你是一位经验丰富的手球教练，你可能经历了看着你的球员在实践执行教练意图中受到挫折，在比赛中表现不佳的过程。在你作为运动员时期，你可能会看到类似的情景事件，即队友之间的配合不当，使得本来可以射进门的球却没有进去。虽然本书不会给你提供一个神奇的快速修复球队的方法，但它会帮助你在执训中，为运动员在比赛周期的训练提供具有实际价值的准备。无论你是一个老教练还是新教练，手球的制胜技术和战术的把握，将能帮助你的球队在比赛中达到一个新的水平，并为你提供相对客观、科学的训练导向工具。

每一个手球教练都知道技术技能的重要性。球员的有效抢断、突分以及各种形式射门的能力可以显著地影响比赛。本书分为上、中、下三篇，揭示的技术技能可以为你的球队取得比赛胜利提供直接的帮助。

除了涵盖技术技能之外，本书还着重战术技能，包括进攻技能，如突破、快速突破和以多打少战术；防守技能，如有球和无球运动员的协调跑动防守，切换

1

设障的双人包夹后的封堵和抢断。本书从战术视角，指导教练员和运动员获得需要做出战术决策的相关知识，并运用决策技巧解决训练和比赛中的问题。为了推进这种方法，本书涵盖了重要的核心战术线索，帮助运动员做出适当的反应，让他们看到在一场手球比赛中，除了规则策略外，还可以了解相关对手的长处和短处。

本书为实践几个层次的规划提供了经典案例数据，告诉你如何在比赛前做好准备，包括核心技战术训练、参赛实力评估等，以此激励你的球员。

现在，让我们一起到手球运动的训练和比赛中去。

目 录
Contents

上篇
世界优秀手球队制胜规律研究

世界锦标赛作为世界各国男子和女子手球队竞技水平检验的大平台，预示着世界男子和女子手球运动的发展趋势。因此，我们在探讨当今男子和女子手球队技战术能力情况时，就必须对近年的世界男子和女子手球锦标赛中的技战术指标进行研究，从而揭示未来世界男子和女子手球运动的制胜规律，并为我国男子和女子手球项目的发展提供一定的参考依据。基于此背景，笔者通过 Internet 在中国知网上，查阅了 2000 年至今手球技战术指标方面的相关文献资料，发现目前对于男子和女子手球技战术指标方面的研究均集中于各队技战术指标的一一比较上，而对男子和女子手球比赛制胜因素的综合评价与分析方面的研究仍处于盲区。因此，为了研究的科学性与可行性，本书分别选取了能反映球队技战术能力的 30 项指标，采用因素分析法，对其进行了综合评价与分析，以便明确世界男子和女子手球比赛中各队的技战术能力情况，从而揭示当今世界男子和女子手球强队技战术指标的发展趋势，并探索一种客观、有效、科学的量化评估球队制胜必需技战术的指标集。

第一章
世界优秀手球队技战术指标体系概述

【提要】本章系统阐述手球运动的指标体系框架，帮助从事手球运动的人员成为一个全能的手球教练员。通过本书的学习，你不会一步就达到成功，而是一步一步爬到顶端，从而获得内在升华。这个过程包括基本技能和概念，这为你提供了坚实的基础。当你再进一步时，你将学习如何让运动员将这些看似孤立的技能结合起来，你如何让运动员攻击目标，如何让运动员决定何时传球、何时射门，以及如何让运动员在进攻和防守时支持队友。当你靠近楼梯的顶部时，你会了解到 7 名球员在整体攻击和防守中的个人职责，以及如何让运动员进行有助于球队获胜的有效沟通。

第一节　手球运动的进攻技战术指标

依据国际手球联合会统计显示，手球的进攻技战术指标包括：6 米区域进攻技战术、7 米区域进攻技战术、9 米区域进攻技战术、边射区域进攻技战术、突破区域进攻技战术、快速突破区域进攻技战术、断球和助攻 8 种。图 1.1 为国际手联在技术统计中对前场区的划分。

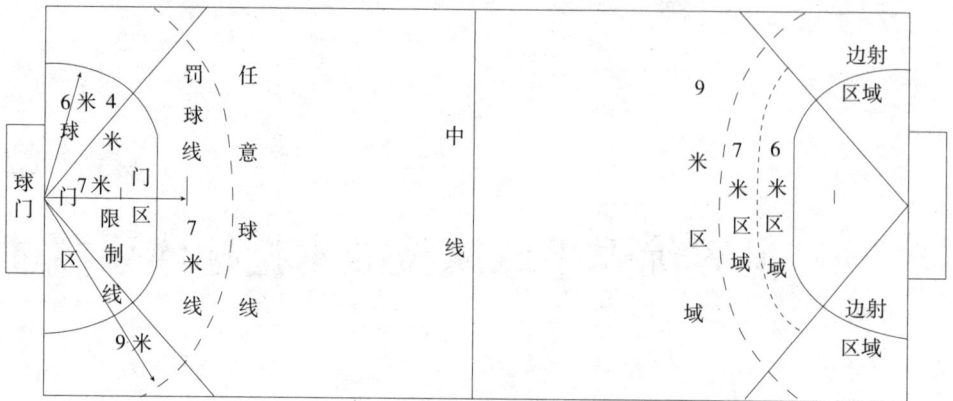

图 1.1　比赛场地区域的划分图

由图 1.1 可知，反映不同区域进攻技战术好坏的量化指标有"进球数""射门数"和"效率"3 个层面。那么，6 米区域进攻技战术、7 米区域进攻技战术、9 米区域进攻技战术、边射区域进攻技战术、突破区域进攻技战术、快速突破区域进攻技战术、断球和助攻这 8 种主要进攻技战术的优劣也相应地包含了"进球数、射门数"和"效率"3 个层面的量化指标。其具体情况如表 1.1 所示。

表 1.1　世界手球比赛有关进攻技战术指标统计一览表

进攻技战术指标	形成数	成功数	成功率
6 米区域	6 米球射门次数	6 米球射门进球数	6 米球射门得分率
7 米区域	7 米球射门次数	7 米球射门进球数	7 米球射门得分率
9 米区域	9 米球射门次数	9 米球射门进球数	9 米球射门得分率
边射区域	边射射门次数	边射射门进球数	边射射门得分率
突破	突破射门次数	突破射门进球数	突破射门得分率
快攻	快攻射门次数	快攻射门进球数	快攻射门得分率
断球	断球次数	断球成功数	断球成功率
助攻	助攻次数	助攻成功数	助攻成功率

由表 1.1 结合图 1.1 指标解释：

（1）指标形成数的解释。6 米球射门次数，指有目的地运球—传球，队员们在前场 6 米区域内继续组织进攻，界定为攻入前场 6 米区域形成射门次数；7 米球射门次数，指有目的地运球—传球，队员们在前场 7 米区域内继续组织进攻，界定为攻入前场 7 米区域形成射门次数；9 米球射门次数，指有目的地运球—传球，队员们在前场 9 米区域内继续组织进攻，界定为攻入前场 9 米区域形成射门次数；边射射门次数，指队员们在前场边射区域内继续组织进攻，界定为攻入前场边射区域射门次数；突破射门次数，代表着进攻方队员持球，凭借个人能力或依赖团队组织合作的进攻能力而形成的射门次数；快攻射门次数，代表着进攻方队员"快运—快传"等技战术组织能力形成的射门次数；断球次数，指的是无球运动员在对方不注意时，做出的抢球意图次数；助攻次数，指的是依赖团队组织合作，形成"分—切—插—突"的意图次数。（2）指标成功数的解释。6 米球射门进球数，指有目的地运球—传球，队员们在前场 6 米区域内继续组织进攻，界定为攻入前场 6 米区域的射门进球数；7 米球射门进球数，指有目的地运球—传球，队员们在前场 7 米区域内继续组织进攻，界定为攻入前场 7 米区域的射门进球数；9 米球射门进球数，指有目的地运球—传球，队员们在前场 9 米区域内继续组织进攻，界定为攻入前场 9 米区域的射门进球数；边射射门进球数，指队员们在前场边射区域内继续组织进攻，界定为攻入前场边射区域的射门进球数；突破射门进球数，代表着进攻方队员持球，凭借个人能力或依赖团队组织合作的进攻能力而形成的射门进球数；快攻射门进球数，代表着进攻方队员"快运—快传"等技战术组织能力形成的射门进球数；断球成功数，指的是无球运动员在对方不注意时，做出的成功抢球次数；助攻成功数，指的是依赖团队组织合作，形成"分—切—插—突"的射门进球数。（3）指标成功率的解释。6 米球射门得分率 =6 米球射门进球数 ÷6 米球射门次数 ×100%；7 米球射门得分率 =7 米球射门进球数 ÷7 米球射门次数 ×100%；9 米球射门得分率 =9 米球射门进球数 ÷9 米球射门次数 ×100%；边射射门得分率 = 边射射门进球数 ÷ 边射射门次数 ×100%；突破射门得分率 = 突破射门进球数 ÷ 突破射门次数 ×100%；快攻射门得分率 = 快攻射门进球数 ÷ 快攻射门次数 ×100%；抢断均数 = 抢断总数 ÷ 参赛场次；助攻均数 = 助攻总数 ÷ 参赛场次。

第二节　手球运动的防守技战术指标

依据国际手球联合会统计显示，手球的防守技战术指标包括：6 米区域防守技战术、7 米区域防守技战术、9 米区域防守技战术、边射区域防守技战术、防突破技战术、防快速突破技战术、封堵技战术和守门员技术 8 种。

反映不同区域防守技战术好坏的量化指标有"防守失误次数"和"失球率"2 个层面。那么，6 米区域防守技战术、7 米区域防守技战术、9 米区域防守技战术、边射区域防守技战术、突破区域防守技战术、快速区域突破防守技战术，这 6 种主要防守技战术的优劣也相应地包含了"防守失误次数"和"失球率"2 个层面的量化指标。其具体情况如表 1.2 所示：

表 1.2　世界手球比赛有关防守技战术指标统计一览表

防守技战术指标	防守失误次数	失球率
6 米区域	6 米防守失误次数	6 米防守失球率
7 米区域	7 米防守失误次数	7 米防守失球率
9 米区域	9 米防守失误次数	9 米防守失球率
边射区域	边射防守失误次数	边射防守失球率
突破	突破防守失误次数	突破防守失球率
快攻	快攻防守失误次数	快攻防守失球率
封堵	封堵防守失误次数	封堵防守失球率
守门员防守技战术	守门员防守失误次数	守门员防守失球率

由表 1.2 指标解释：

（1）防守性指标的失误次数。6 米区域防守失误次数，指进攻方队员通过协调、配合等技战术组织形式，在防守方前场 6 米区域形成的射门次数；7 米区域防守失误次数，指进攻方队员通过协调、配合等技战术组织形式，在防守方前场 7 米区域形成的射门次数；防突破失误次数，指进攻方持球，在运动中使身体摆脱对方球员的防守，从而在更接近球门的同时，创造出利于自己的直接射门次数；防快速突破失误次数，指进攻方队员通过"快运—快传"等技战术组织形式，打乱防守方的防御阵型而形成的直接射门次数；9 米区域防守失误次数，指进攻方队员通过协调、配合等技战术组织形式，在防守方前场 9 米区域形成的射门次数；边射区域防守失误次数，指进攻方队员通过协调、配合等技战术组织形式，在防守方边射区域形成的射门次数。

（2）防守性指标的失球率。6 米区域防守失球率，指进攻方在防守方前场 6 米区域直接射门得分的成功率；7 米区域防守失球率，指进攻方在防守方前场 7 米区域直接射门得分的成功率；突破失球率，指进攻方通过突破而获得了直接射门并得分的成功率；快速突破失球率，指进攻方通过快速突破而获得了直接射门并得分的成功率；9 米区域防守失球率，指进攻方在防守方前场 9 米区域直接射门得分的成功率；边射区域防守失球率，指进攻方在防守方边射区域直接射门得分的成功率。

第三节　手球运动的非技战术指标

依据国际手球联合会统计显示，手球的非技战术指标包括黄牌、红牌、罚出场 2 分钟、驱逐出场 4 种。反映不同球队 4 种非技战术指标的量化指标有"次数"和"利用率" 2 个层面。那么，黄牌、红牌、罚出场 2 分钟、驱逐出场这 4 种主要非技战术的优劣也相应地包含了"次数"和"利用率" 2 个层面的量化指标。其具体情况如表 1.3 所示。

表 1.3　世界手球比赛有关非技战术指标统计一览表

非技战术指标	次数	利用率
黄牌	黄牌次数	黄牌利用率
罚出场 2 分钟	罚出场 2 分钟次数	罚出场 2 分钟利用率
红牌	红牌次数	红牌利用率
驱逐出场	驱逐出场次数	驱逐出场利用率

由表 1.3 指标解释：

（1）非技术指标次数方面。黄牌次数，指的是运动员在激烈的比赛中做出故意撞人等有害于对方运动员的危险动作等违规行为，裁判给予黄牌警告的次数；罚出场 2 分钟次数，指的是在进攻方队员有明显的直接面对球门机会的情况下，防守方队员对其身体四肢进行侵犯导致进攻方队员无法完成进攻动作，以及一些较恶劣的如拉人、撞人等行为，裁判给予该项处罚的次数；红牌次数，指的是在同一场比赛中，运动员行为举止严重违背手球竞赛规则的行为，如，辱骂、殴打等，给予红牌的次数；驱逐出场，指的是运动员在比赛中，防守或犯规动作较大，可能造成对方运动员不能参赛的行为等，裁判给予驱逐出场的次数。

（2）非技术指标利用率方面。黄牌利用率，指的是针对被处罚球队在黄牌处罚背景下，利用受处罚队的怕再次受处罚的心理，而完成有效进攻数或获胜的比例；罚出场 2 分钟的利用率，指的是以多打少的有效进球效率；红牌利用率，指的是以多打少的有效进球效率；驱逐出场利用率，指的是以多打少的有效进球效率。

第二章
世界优秀手球队制胜技战术指标

【提要】手球比赛最终目的就是获取比赛优胜，然而取胜的现实依据在于球队对制胜指标的把握以及对有效射门机会的适时把握，这是各球队获取胜利的唯一途径。各队在角逐的过程中运用多种战略、战术手段将球射进对方球门并最终取得比赛的胜利，在这一复杂的进球过程中能够较为客观地反映出高水平手球队由进攻到最终进球的普遍规律。

基于此，笔者为了揭示这些内在的规律，对世界大赛上男子和女子手球比赛各阶段球队的射门进球之前的组织进攻技战术情况的运用进行研究，从而深入认识现代手球比赛中的特征与制胜指标规律，为我国手球实训、改善进攻能力等方面，提供一些参考依据。

第一节 世界男子优秀手球队制胜规律的分析

一、世界优秀男子手球队比赛中非守门员技术指标统计分析

（一）有关"射门"技术指标统计分析

将世界男子手球队比赛的有关射门的15项指标进行频数分析，结果显示各

指标的分布近似或是正态分布，从而反映了因变量服从正态分布的规律，说明男子手球比赛中有关射门各项指标数据可以适用于各种参数检验方法。因此笔者对男子手球比赛的有关射门 15 项指标进行 One-Sample T 检验，并对处理结果进行汇总，如表 2.1 所示。

表 2.1　世界男子手球比赛有关"射门"技术统计分析一览表

射门指标	胜方	负方	均值差	t	P
进球数	29.37 ± 3.96	24.68 ± 4.20	4.707	8.117	< 0.01
射门数	49.70 ± 4.88	48.51 ± 5.76	1.189	1.671	< 0.01
效率（进球数 / 射门数）	59.34% ± 7.67%	50.99% ± 7.67%	8.357%	7.472	< 0.01
6 米球射门进球数	6.43 ± 2.71	5.16 ± 2.86	1.263	3.198	< 0.01
6 米球射门次数	9.23 ± 2.97	8.24 ± 3.86	0.991	2.291	< 0.05
6 米球射门成功率	70.17% ± 19.44%	64.67% ± 20.94%	5.496%	1.938	> 0.05
7 米球射门进球数	2.45 ± 1.53	2.43 ± 1.76	0.014	0.064	> 0.05
7 米球射门次数	3.26 ± 1.76	3.35 ± 2.10	−0.096	−0.371	> 0.05
7 米球射门成功率	76.32% ± 23.61%	68.33% ± 29.14%	7.991%	2.320	< 0.05
9 米球射门进球数	8.00 ± 3.72	7.89 ± 3.23	0.108	0.199	> 0.05
9 米球射门次数	18.55 ± 7.66	22.89 ± 6.61	−4.339	−3.886	< 0.01
9 米球射门成功率	43.26% ± 13.27%	34.83% ± 10.57%	8.434%	4.356	< 0.01
边射进球数	3.70 ± 2.22	2.86 ± 2.45	0.837	2.591	< 0.05
边射次数	6.40 ± 3.23	4.86 ± 3.31	1.539	3.263	< 0.01
边射成功率	57.77% ± 22.36%	51.64% ± 31.60%	5.128%	1.572	> 0.05

注：Test Value 为负方有关射门指标的均值，数据来源于奥运会、世界锦标赛等。

由表 2.1 分析可知：

（1）从胜、负双方的均值差看，除 9 米球射门次数和 7 米球射门次数外，其他指标胜方都高于负方。表明：胜方的整体技术的实力普遍高于负方。

（2）从胜、负双方显著性上看，胜方与负方在进球数、射门数、效率、边射次数、6 米球射门进球数、9 米球射门次数以及 9 米球射门成功率，这 7 项指标上均有非常显著性的差异（P 远小于 0.01），在 6 米球射门次数、边射进球数以及 7 米球射门成功率，这 3 项技术指标上具有显著性的差异（$P < 0.05$），而双方在 6 米球射门成功率、边射成功率、9 米球射门进球数、7 米球射门进球数、7 米球射门次数，这 5 项技术指标上不具显著性的差异（$P > 0.05$）。综合以上分析，表明：除 9 米球射门次数和 7 米球射门次数外，胜方在男子手球项目上有关射门技术克敌制胜的关键性指标有，进球数、射门数、效率、边射次数、6 米球射门进球数、9 米球射门次数以及 9 米球射门成功率，重要性制胜技术指标有 6 米球射门次数、边射进球数以及 7 米球射门成功率。

（二）有关"突破"技术指标统计分析

同理，将世界男子手球队比赛的有关突破 6 项指标进行频数分析，结果显示各指标的分布近似或是正态分布，从而反映了因变量服从正态分布的规律，说明男子手球比赛中有关突破各项指标数据可以适用于各种参数检验方法。因此笔者对男子手球比赛的有关突破 6 项指标进行 One-Sample T 检验，并对处理结果进行汇总，如表 2.2 所示。

表 2.2　世界男子手球比赛有关"突破"技术统计分析一览表

射门指标	胜方	负方	均值差	t	P
快速突破进球数	6.04 ± 3.06	4.32 ± 2.11	1.718	3.853	< 0.01
快速突破射门数	8.45 ± 4.18	6.22 ± 2.95	2.231	3.654	< 0.01
快速突破进球成功率	72.68% ± 14.62%	70.91% ± 22.72%	1.774%	0.832	> 0.05
突破进球数	2.77 ± 1.91	2.00 ± 1.65	0.766	2.744	< 0.01
突破射门数	3.81 ± 2.25	2.95 ± 1.79	0.863	2.626	< 0.05
突破进球成功率	69.01% ± 31.36%	61.56% ± 36.49%	7.443%	1.627	> 0.05

注：Test Value 为负方有关射门指标的均值，数据来源于奥运会、世界锦标赛等。

由表 2.2 分析可知：

（1）从双方快速突破上看，均值差均为正数，表明胜方在快速突破各项技术上高于负方。再者，在奥运会、世界锦标赛等男子手球比赛上，胜方平均每场比赛的快速突破进球数与射门数分别为 6.04 个与 8.45 次，负方分别为 4.32 个与 6.22 次，经检验具有非常显著性的差异（P 远小于 0.01），而快速突破进球成功率上，胜方平均每场比赛为 72.68%，负方为 70.91%，经检验不具有非常显著性的差异（$P > 0.05$），以上分析说明：男子手球项目比赛上，快速突破射门的次数是取得比赛胜利的关键性因素，即快速突破射门数越多，快速突破的进球数也越多，两者呈现出明显的正比例关系。

（2）从双方突破上看，均值差也均为正数，表明胜方在突破各项技术上高于负方，胜方平均每场比赛的突破进球数与射门数分别为 2.77 个与 3.81 次，负方分别为 2.00 个与 2.95 次，经检验具有显著性的差异（$P < 0.05$），而突破进球成功率上，胜方平均每场比赛为 69.01%，负方为 61.56%，两者相差 7.45%，经检验不具有非常显著性的差异（$P > 0.05$），以上分析说明：男子手球项目比赛上，突破射门的次数也是取得比赛胜利的关键性因素，即突破射门数越多，突破的进球数也越多，两者也呈现出明显的正比例关系。

二、世界优秀男子手球队比赛中有关"非技战术"指标统计分析

同理，将世界男子手球队比赛的有关犯规 4 项指标进行频数分析，结果显示，除驱逐出场外，各指标的分布近似或是正态分布，从而反映了因变量服从正态分布的规律，说明男子手球比赛中有关犯规各项指标数据可以适用于各种参数检验方法。因此笔者对男子手球比赛的有关犯规 3 项指标进行 One-Sample T 检验，而驱逐出场做了描述性的比较分析，并对处理结果进行汇总，如表 2.3 所示。

表 2.3 世界男子手球比赛有关犯规技术统计分析一览表

射门指标	胜方	负方	均值差	t	P
黄牌	2.99 ± 0.68	3.03 ± 0.64	−0.048	−0.490	> 0.05
罚出场 2 分钟	3.51 ± 1.73	3.68 ± 1.49	−0.165	−0.654	> 0.05
红牌	0.11 ± 0.31	0.22 ± 0.42	−0.110	−2.416	< 0.05
驱逐出场	0.00 ± 0.00	0.00 ± 0.00	—	—	—

注：Test Value 为负方有关射门指标的均值，数据来源于奥运会、世界锦标赛等。

由表 2.3 分析可知：胜、负双方在犯规上，除驱逐出场外（双方都没严重的犯规），其他指标的均值差均为负数，表明胜方在犯规各项技术上比负方更加注意，因为，场上队员的犯规会影响到整个队的比赛的状态，依据资料显示犯规次数越多，取得比赛优胜的概率就越小。依据统计，在奥运会、世界锦标赛等男子手球比赛上，胜方平均每场比赛黄牌数与罚出场 2 分钟的次数分别为 2.99 次与 3.51 次，负方分别为 3.03 次与 3.68 次，经检验虽不具有非常显著性的差异（$P > 0.05$），但就罚出场 2 分钟上分析可知，胜方平均每场以多打少的机会较负方多，说明：罚出场 2 分钟是男子手球比赛制胜的重要因素之一。再者，从

红牌数上看，胜方平均每场比赛的红牌数与负方相比，具有显著性的差异（$P < 0.05$），说明：负方的主力队员被罚出场率要高于胜方，而这又增加了胜方的取胜率。

三、世界优秀男子手球队比赛中有关"守门员"技术指标统计分析

同理，将世界男子手球队比赛的有关守门员 14 项指标进行频数分析，结果显示，各指标的分布近似或是正态分布，从而反映了因变量服从正态分布的规律，说明男子手球比赛中有关守门员各项指标数据可以适用于各种参数检验方法。因此笔者对男子手球比赛的有关守门员 14 项指标进行 One-Sample T 检验，并对处理结果进行汇总，如表 2.4 所示。

表 2.4 世界男子手球比赛有关"守门员"技术统计分析一览表

射门指标	胜方	负方	均值差	t	P
守门员补救成功次数	14.19 ± 3.32	12.57 ± 4.23	1.624	3.353	< 0.01
守门员补救成功率	35.87% ± 6.96%	29.39% ± 7.90%	6.482%	6.383	< 0.01
守门员 6 米补救成功次数	2.21 ± 1.81	2.35 ± 1.72	−0.139	−0.526	> 0.05
守门员 6 米补救成功率	27.68% ± 19.95%	26.99% ± 18.38%	0.686%	0.236	> 0.05
守门员 7 米补救成功次数	0.64 ± 0.70	0.54 ± 0.65	0.098	0.951	> 0.05
守门员 7 米补救成功率	19.37% ± 20.87%	17.39% ± 23.00%	1.979%	0.650	> 0.05
守门员 9 米补救成功次数	7.70 ± 2.73	5.14 ± 3.22	2.567	6.456	< 0.01
守门员 9 米补救成功率	48.78% ± 12.53%	39.32% ± 15.49%	9.463%	5.179	< 0.01
守门员对边射补救成功次数	1.60 ± 1.25	1.97 ± 1.64	−0.377	−2.077	< 0.05
守门员对边射补救成功率	36.57% ± 29.14%	33.39% ± 22.74%	3.174%	0.747	> 0.05
守门员在对方快速突破时补救成功次数	1.26 ± 1.34	1.73 ± 1.41	−0.474	−2.422	< 0.05
守门员在对方快速突破时补救成功率	20.03% ± 21.94%	20.64% ± 12.75%	−0.614%	−0.192	> 0.05
守门员在对方突破时补救成功次数	0.77 ± 0.94	0.84 ± 0.83	−0.072	−0.526	> 0.05
守门员在对方突破时补救成功率	27.27% ± 32.71%	20.37% ± 23.21%	6.896%	1.445	> 0.05

注：Test Value 为负方有关射门指标的均值，数据来源于奥运会、世界锦标赛等。

由表 2.4 分析可知：在奥运会、世界锦标赛等男子手球项目比赛上，胜、负双方守门员在补救成功次数、补救成功率、对边射补救成功次数、9 米补救成功次数、9 米补救成功率以及在对方快速突破时补救成功次数，这 6 项指标上具有

显著性差异（$P < 0.05$），但结合均值差看，除守门员对边射补救成功次数和对方快速突破时补救成功次数外，其余4项指标胜方都明显高于负方，且具有非常显著性的差异（P远小于0.01），这充分说明：胜方的守门员在补救成功次数、补救成功率、9米补救成功次数以及成功率，这4项指标上，胜方高负方一等。同时也表明：守门员补救成功次数、守门员补救成功率、守门员9米补救成功次数以及守门员9米补救成功率这4项有关手球守门员的技术指标是胜方克敌制胜的关键性因素。

第二节 世界女子优秀手球队制胜规律的分析

一、世界优秀女子手球队比赛中非守门员技战术指标统计分析

（一）有关"射门"技术指标统计分析

将世界女子手球队比赛的有关射门的15项指标进行频数分析，结果显示各指标的分布近似或是正态分布，从而反映了因变量服从正态分布的规律，说明女子手球比赛中有关射门各项指标数据可以适用于各种参数检验方法。因此笔者对女子手球比赛的有关射门15项指标进行One-Sample T检验，并对处理结果进行汇总，如表2.5所示。

表2.5　世界女子手球比赛有关"射门"技术统计分析一览表

射门指标	胜方	负方	均值差	t	P
进球数	29.38 ± 4.12	24.24 ± 4.05	5.133	8.360	< 0.01
射门数	51.76 ± 5.56	49.98 ± 5.47	1.778	2.146	< 0.05
效率（进球数/射门数）	57.17% ± 8.72%	48.66% ± 7.34%	8.515%	6.552	< 0.01
6米球射门进球数	4.89 ± 2.06	4.36 ± 2.35	0.533	1.738	> 0.05
6米球射门次数	7.00 ± 2.52	6.62 ± 2.89	0.378	1.005	> 0.05
6米球射门成功率	70.91% ± 18.03%	66.92% ± 23.12%	3.988%	1.483	> 0.05
7米球射门进球数	3.33 ± 1.97	3.20 ± 2.32	0.133	0.455	> 0.05
7米球射门次数	4.80 ± 2.37	4.44 ± 2.82	0.356	1.006	> 0.05
7米球射门成功率	67.92% ± 25.51%	70.49% ± 28.82%	−2.57%	−0.676	> 0.05
9米球射门进球数	7.42 ± 2.88	5.93 ± 2.27	1.489	3.468	< 0.01
9米球射门次数	19.20 ± 5.33	20.49 ± 5.65	−1.289	−1.623	> 0.05
9米球射门成功率	39.22% ± 14.61%	29.12% ± 8.70%	10.10%	4.653	< 0.01

续表

射门指标	胜方	负方	均值差	t	P
边射进球数	3.33 ± 2.03	3.40 ± 1.90	−0.067	−0.220	> 0.05
边射次数	6.00 ± 3.18	7.11 ± 2.86	−1.111	−2.346	< 0.05
边射成功率	54.39% ± 22.74%	43.94% ± 21.05%	40.46%	3.085	< 0.01

注：Test Value 为负方有关射门指标的均值，数据来源于奥运会、世界锦标赛等。

由表 2.5 分析可知：

（1）从胜、负双方的均值差看，除边射进球数、边射次数、9 米球射门次数和 7 米球射门成功率外，其他指标胜方都高于负方，说明：胜方的整体射门技术实力普遍高于负方。

（2）从胜、负双方显著性上看，胜方与负方在进球数、效率、边射成功率、9 米球射门进球数以及 9 米球射门成功率，这 5 项指标上均有非常显著性的差异（P 远小于 0.01），在射门数、边射次数，这 2 项技术指标上具有显著性的差异（$P < 0.05$），而双方在 6 米球射门方面（进球数、次数、成功率）、边射进球数、9 米球射门次数、7 米球射门方面（进球数、次数、成功率），这 8 项技术指标上不具显著性的差异（$P > 0.05$）。综合以上分析，表明：除边射进球数、边射次数、9 米球射门次数和 7 米球射门成功率外，胜方在女子手球项目上有关射门技术克敌制胜的关键性指标有进球数、效率、边射成功率、9 米球射门进球数、9 米球射门成功率，重要性制胜技术指标有射门数、边射次数。

（二）有关"突破"技术指标统计分析

同理，将世界女子手球队比赛的有关突破 6 项指标进行频数分析，结果显示各指标的分布近似或是正态分布，从而反映了因变量服从正态分布的规律，说明女子手球比赛中有关突破各项指标数据可以适用于各种参数检验方法。因此笔者对女子手球比赛的有关突破 6 项指标进行 One-Sample T 检验，并对处理结果进行汇总，如表 2.6 所示。

表 2.6　世界女子手球比赛有关"突破"技术统计分析一览表

射门指标	胜方	负方	均值差	t	P
快速突破进球数	6.47 ± 2.92	4.47 ± 2.30	2.000	4.594	< 0.01

射门指标	胜方	负方	均值差	t	P
快速突破射门数	9.27 ± 4.12	6.69 ± 2.85	2.378	3.872	< 0.01
快速突破进球成功率	71.40% ± 18.01%	63.47% ± 24.68%	7.930%	2.954	< 0.01
突破进球数	3.93 ± 2.30	2.89 ± 2.24	1.044	3.046	< 0.01
突破射门数	5.49 ± 3.17	4.42 ± 2.75	1.067	2.254	< 0.05
突破进球成功率	72.75% ± 23.09%	63.01% ± 30.28%	9.734%	2.828	< 0.01

注：Test Value 为负方有关射门指标的均值，数据来源于奥运会、世界锦标赛等。

由表 2.6 分析可知：

（1）从双方快速突破上看，均值差均为正数，表明胜方在快速突破各项技术上高于负方。再者，在奥运会、世界锦标赛等女子手球比赛上，胜方平均每场比赛的快速突破进球数与射门数分别为 6.47 个与 9.27 次，负方分别为 4.47 个与 6.69 次，经检验具有非常显著性的差异（P 远小于 0.01），而快速突破进球成功率上，胜方平均每场比赛为 71.40%，负方为 63.47%，经检验具有非常显著性的差异（P 远小于 0.01），以上分析说明：女子手球项目比赛上，快速突破射门的次数是取得比赛胜利的关键性因素，即快速突破射门数越多，快速突破的进球数也越多，成功率也越高。

（2）从双方突破上看，均值差也均为正数，表明胜方在突破各项技术上高于负方，胜方平均每场比赛的突破进球数与射门数分别为 3.93 个与 5.49 次，负方分别为 2.89 个与 4.42 次，经检验具有显著性的差异（$P < 0.05$），而突破进球成功率上，胜方平均每场比赛为 72.75%，负方为 63.01%，两者相差近 10%，经检验具有非常显著性的差异（$P > 0.05$），以上分析说明：女子手球项目比赛上，突破射门的次数也是取得比赛胜利的关键性因素，即突破射门数越多，突破的进球数也越多，成功率也越高。

二、世界优秀女子手球队比赛中有关"非技战术"指标统计分析

同理，将世界女子手球队比赛的有关犯规 4 项指标进行频数分析，结果显示，除驱逐出场外，各指标的分布近似或是正态分布，从而反映了因变量服从正态分布的规律，说明女子手球比赛中有关犯规各项指标数据可以适用于各种参数检验

方法。因此笔者对女子手球比赛的有关犯规 3 项指标进行 One-Sample T 检验，而驱逐出场做了描述性的比较分析，并对处理结果进行汇总，如表 2.7 所示。

表 2.7　世界女子手球比赛有关犯规技术统计分析一览表（ N=47 ）

射门指标	胜方	负方	均值差	t	P
黄牌	2.98 ± 0.54	3.29 ± 1.05	−3.111	−3.843	< 0.01
罚出场 2 分钟	4.11 ± 1.73	3.93 ± 1.73	0.178	0.687	> 0.05
红牌	0.13 ± 0.34	0.11 ± 0.31	0.022	0.434	> 0.05
驱逐出场	0.00 ± 0.00	0.00 ± 0.00	—	—	—

注：Test Value 为负方有关射门指标的均值，数据来源于奥运会、世界锦标赛等。

由表 2.7 分析可知：胜、负双方在犯规上，除驱逐出场外（双方都没严重的犯规），黄牌指标的均值差为负数，表明胜方在黄牌上比负方更加注意，而在罚出场 2 分钟与红牌上，胜方比负方多。依据统计，在奥运会、世界锦标赛等女子手球比赛上，胜方平均每场比赛罚出场 2 分钟的次数分别为 4.11 次，负方为 3.93 次，经检验虽不具有非常显著性的差异（ P > 0.05 ），但就罚出场 2 分钟上分析可知，负方平均每场以多打少的机会较胜方多。说明：女子手球比赛中，罚出场 2 分钟少的一方，也有可能输掉比赛。再者，胜方平均每场比赛的红牌数，与负方相比之下，不具有显著性的差异（ P > 0.05 ），说明：胜、负方的主力队员被罚出场的概率差不多。

三、世界优秀女子手球队比赛中有关"守门员"技术指标统计分析

同理，将世界女子手球队比赛的，有关守门员 14 项指标进行频数分析，结果显示，各指标的分布近似或是正态分布，从而反映了因变量服从正态分布的规律，说明女子手球比赛中有关守门员各项指标数据可以适用于各种参数检验方法。因此笔者对女子手球比赛的有关守门员 14 项指标进行 One-Sample T 检验，并对处理结果进行汇总，如表 2.8 所示。

表 2.8　世界女子手球比赛有关"守门员"技术统计分析一览表（ N=47 ）

射门指标	胜方	负方	均值差	t	P
守门员补救成功次数	14.36 ± 3.77	12.87 ± 4.53	1.489	2.647	< 0.05
守门员补救成功率	36.95% ± 7.83%	30.07% ± 8.63%	6.879%	5.890	< 0.01
守门员 6 米补救成功次数	1.69 ± 1.46	1.56 ± 1.26	0.133	0.613	> 0.05

续表

射门指标	胜方	负方	均值差	t	P
守门员 6 米补救成功率	27.48% ± 22.65%	23.21% ± 18.11%	4.276%	1.267	> 0.05
守门员 7 米补救成功次数	0.80 ± 0.87	0.87 ± 0.86	−0.067	−0.515	> 0.05
守门员 7 米补救成功率	22.01% ± 28.12%	19.23% ± 19.10%	2.776%	0.662	> 0.05
守门员 9 米补救成功次数	6.71 ± 2.66	5.49 ± 2.60	1.222	3.083	< 0.01
守门员 9 米补救成功率	52.53% ± 15.30%	43.22% ± 18.02%	9.312%	4.082	< 0.01
守门员对边射补救成功次数	2.87 ± 1.71	1.89 ± 1.54	0.978	3.828	< 0.01
守门员对边射补救成功率	45.90% ± 23.08%	32.64% ± 23.02%	13.262%	3.855	< 0.01
守门员在对方快速突破时补救成功次数	1.33 ± 1.35	2.00 ± 1.70	−0.667	−3.317	< 0.01
守门员在对方快速突破时补救成功率	24.74% ± 25.45%	22.61% ± 17.41%	2.130%	0.561	> 0.05
守门员在对方突破时补救成功次数	0.98 ± 1.06	1.07 ± 1.29	−0.089	−0.565	> 0.05
守门员在对方突破时补救成功率	23.56% ± 25.42%	17.76% ± 17.76%	5.819%	1.535	> 0.05

注：Test Value 为负方有关射门指标的均值，数据来源于奥运会、世界锦标赛等。

由表 2.8 分析可知：在奥运会、世界锦标赛等女子手球项目比赛上，胜、负双方守门员在守门员补救成功次数、补救成功率、对边射补救成功次数、对边射补救成功率、9 米补救成功次数、9 米补救成功率以及在对方快速突破时补救成功次数，这 7 项指标上具有显著性或非常显著性的差异（$P < 0.05$ 或 $P < 0.01$），但结合均值差看，除守门员在对方快速突破时补救成功次数外，其余 6 项指标胜方都明显高于负方。这充分说明：守门员补救成功次数、守门员补救成功率、守门员对边射补救成功次数、守门员对边射补救成功率、守门员 9 米补救成功次数以及守门员 9 米补救成功率，这 6 项有关女子手球守门员的技术指标是胜方克敌制胜的关键性因素。而守门员 6 米补救成功次数、守门员 6 米补救成功率、守门员 7 米补救成功次数、守门员 7 米补救成功率、守门员在对方快速突破时补救成功率以及守门员在对方突破时补救成功率，这 6 项指标是女子手球项目制胜的重要因素。

第三节　手球运动制胜指标运用与构建

前面两节分别从手球比赛各阶段球队的运动员之间的射门进球配合技战术与守门员的技战术的组织情况的运用与实施进行研究，这客观反映出现代手球队的技战术特征，以及在比赛中获胜的制胜指标体系。

一、世界优秀手球队比赛中非守门员制胜技战术体系运用

（一）有关"射门"制胜技战术指标体系运用

由世界男子和女子手球队胜方和负方的数据，得出表 2.9，即制胜指标的重要性程度。

表 2.9 世界优秀手球队非守门员有关"射门"制胜技战术指标体系一览表

射门指标	男子手球队方面	女子手球队方面
进球数	★★★	★★
射门数	★★	★★★
效率（进球数 / 射门数）	★★★	★
6 米球射门进球数	★	★
6 米球射门次数	★	★★★
6 米球射门成功率	★	★★★
边射进球数	★	★★★
边射次数	★★	★★★
边射成功率	★★★	★
9 米球射门进球数	★★★	★
9 米球射门次数	★	★★★
9 米球射门成功率	★★★	★
7 米球射门进球数	★	★
7 米球射门次数	★	★
7 米球射门成功率	★	★★

注：★—不重要，★★—较重要，★★★—制胜关键指标。

由表 2.9 显示：

（1）男子方面，教练员和队员在平时训练时，要围绕把握当今男子手球队比赛制胜的核心指标进球数、效率、边射次数、边射成功率、9 米球射门进球数、9 米球射门成功率这 6 项指标进行系统训练。

（2）女子方面，教练员和队员在平时训练时，要围绕把握当今女子手球队比赛制胜的核心指标射门数、进球数、6 米球射门次数、6 米球射门成功率、边射进球数、边射次数、9 米球射门次数、7 米球射门成功率这 8 项指标进行系统训练。

（3）无论男女手球队，在采用上述"射门"技战术制胜体系时，应注意把握

制胜指标带动劣势指标的原则，使劣势指标向优势指标转化，达到同步发展，以提高球队的整体射门技战术能力。

（二）有关"突破"制胜技战术指标体系运用

同理，由世界男子和女子手球队胜方和负方的"突破"制胜技战术指标数据，得出表 2.10，即：制胜指标的重要性程度。

表 2.10　世界优秀手球队非守门员有关"突破"制胜技战术指标体系一览表

射门指标	胜方	负方
快速突破进球数	★★★	★★★
快速突破射门数	★★★	★★★
快速突破进球成功率	★	★★★
突破进球数	★★★	★★★
突破射门数	★★	★★
突破进球成功率	★	★★★

注：★—不重要，★★—较重要，★★★—制胜关键指标。

由表 2.10 显示：

（1）男子方面，教练员和队员在平时训练时，要把握当今男子手球队比赛"突破"制胜核心的指标，围绕快速突破进球数、快速突破射门数、突破进球数、突破射门数这 4 项指标进行系统突破技战术训练。

（2）女子方面，教练员和队员在平时训练时，要把握当今女子手球队比赛"突破"制胜核心的指标，围绕快速突破进球数、快速突破射门数、快速突破进球成功率、突破进球数、突破射门数、突破进球成功率这 6 项指标进行系统突破技战术训练。

（3）无论男女手球队，在采用上述"突破"技战术制胜体系时，应注意把握制胜指标带动劣势指标的原则，使劣势指标向优势指标转化，达到同步发展，以提高球队的整体突破技战术能力。

二、世界优秀手球队比赛中有关"非技战术"制胜技战术体系运用

同理，由世界男子和女子手球队胜方和负方的"非技战术"制胜技战术指标

数据，得出表 2.11，即制胜指标的重要性程度。

表 2.11　世界优秀手球队比赛有关"非技战术"制胜技战术指标体系一览表

射门指标	胜方	负方
黄牌	★	★
罚出场 2 分钟	★★★	★★★
红牌	★	★
驱逐出场	★	★

注：★—不重要，★★—较重要，★★★—制胜关键指标。

由表 2.11 显示：无论男子手球队，还是女子手球队，教练员和队员在平时训练时，都要把握当今手球队比赛"非技战术"制胜核心的指标，围绕罚出场 2 分钟这一项指标进行系统技战术训练。

三、世界优秀手球队比赛中有关"守门员"制胜技战术体系运用

同理，由世界男子和女子手球队胜方和负方的"守门员"制胜技战术指标数据，得出表 2.12，即制胜指标的重要性程度。

表 2.12　世界优秀手球队比赛有关"守门员"制胜技战术指标体系一览表

射门指标	胜方	负方
守门员补救成功次数	★★★	★★
守门员补救成功率	★★★	★★★
守门员 6 米补救成功次数	★	★
守门员 6 米补救成功率	★	★
守门员 7 米补救成功次数	★	★
守门员 7 米补救成功率	★	★
守门员 9 米补救成功次数	★★★	★★★
守门员 9 米补救成功率	★★★	★★★
守门员对边射补救成功次数	★★	★★★
守门员对边射补救成功率	★	★★★
守门员在对方快速突破时补救成功次数	★★	★★★

续表

射门指标	胜方	负方
守门员在对方快速突破时补救成功率	★	★
守门员在对方突破时补救成功次数	★	★
守门员在对方突破时补救成功率	★	★

注：如表 2.11 注

由表 2.12 显示：

（1）男子方面，教练员和队员在平时训练时，要把握当今男子手球队比赛"守门员"制胜核心的指标，围绕守门员补救成功次数、守门员补救成功率、守门员对边射补救成功次数、守门员 9 米补救成功次数、守门员 9 米补救成功率、守门员在对方快速突破时补救成功次数这 6 项指标进行系统突破技战术训练。

（2）女子方面，教练员和队员在平时训练时，要把握当今女子手球队比赛"守门员"制胜核心的指标，围绕守门员补救成功次数、守门员补救成功率、守门员对边射补救成功次数、守门员对边射补救成功率、守门员 9 米补救成功次数、守门员 9 米补救成功率、守门员在对方快速突破时补救成功次数这 7 项指标进行系统突破技战术训练。

（3）无论男女手球队，在采用以上"守门员"技战术制胜体系时，应注意把握制胜指标带动劣势指标的原则，使劣势指标向优势指标转化，达到同步发展，以提高球队的整体射门技战术能力。

第四节　中国队男、女手球队与当今手球项目发展趋势的对比分析

一、中国男子手球队与世界手球队对比下的优、劣势统计分析

将奥运会、世界锦标赛上，我国男子手球队比赛的有关 38 项指标进行频数分析，结果显示，除驱逐出场外，各指标的正态性检验值的范围为 Z 在 0.625~0.685 之间不等，P 值在 0.800~0.845 之间不等，可知应因量总分服从正态分布或近似正态分布的规律，说明我国男子手球比赛中有关守门员各项指标数据可以适用于各种参数检验方法。因此，笔者对我国男子手球比赛的 38 个指标

进行 One-Sample T 检验，其母体均值，即检验值（Test Value）为男子手球胜方（平局的划为胜方）比赛有关各 38 项指标的均值，而"驱逐出场"做了描述性的比较分析，且对处理结果进行汇总，如表 2.13 所示。

表 2.13　我国男子手球水平与世界水平各项技术指标统计一览表

指标	世界 12 支队（47）	中国队（5）	均值差	t	P
	M ± SD	M ± SD			
进球数	29.37 ± 3.96	20.80 ± 1.64	−8.583	−11.680	< 0.01
射门数	49.70 ± 4.88	45.40 ± 4.62	−4.302	−2.084	> 0.05
效率（进球数 / 射门数）	59.34% ± 7.67%	4592% ± 1.61%	−13.42%	−18.623	< 0.01
6 米球射门进球数	6.43 ± 2.71	4.60 ± 2.30	−1.826	−1.773	> 0.05
6 米球射门次数	9.23 ± 2.97	8.20 ± 3.03	−1.034	−0.762	> 0.05
6 米球射门成功率	70.17% ± 19.44%	54.73% ± 11.98%	−15.44%	−2.881	< 0.05
边射进球数	3.70 ± 2.22	1.20 ± 1.79	−2.502	−3.128	< 0.05
边射次数	6.40 ± 3.23	2.00 ± 1.58	−4.404	−6.229	< 0.01
边射成功率	57.77% ± 22.36%	33.33% ± 47.14%	−23.43%	−1.112	> 0.05
9 米球射门进球数	8.00 ± 3.72	9.00 ± 1.73	1.000	1.291	> 0.05
9 米球射门次数	18.55 ± 7.66	27.20 ± 3.42	8.647	5.653	< 0.01
9 米球射门成功率	43.26% ± 13.27%	33.06% ± 5.35%	−10.21	−4.269	< 0.05
7 米球射门进球数	2.45 ± 1.53	1.20 ± 0.45	−1.247	−6.234	< 0.01
7 米球射门次数	3.26 ± 1.76	1.60 ± 0.55	−1.655	−6.758	< 0.01
7 米球射门成功率	76.32% ± 23.61%	80.00% ± 27.39%	3.683%	0.301	> 0.05
快速突破进球数	6.04 ± 3.06	3.60 ± 2.07	−2.443	−2.634	> 0.05
快速突破次数	8.45 ± 4.18	4.60 ± 1.52	−3.847	−5.762	< 0.01
快速突破进球成功率	72.68% ± 14.62%	68.67% ± 39.27%	−4.014	−0.229	> 0.05
突破进球数	2.77 ± 1.91	1.20 ± 1.10	−1.566	−3.196	< 0.05
突破次数	3.81 ± 2.25	1.80 ± 0.84	−2.009	−5.368	< 0.01
突破进球成功率	69.01% ± 31.36%	53.33% ± 50.55%	−15.67%	−0.693	> 0.05
黄牌	2.99 ± 0.68	3.20 ± 0.45	0.221	1.106	> 0.05
罚出场 2 分钟	3.51 ± 1.73	2.80 ± 1.30	−0.711	−1.219	> 0.05
红牌	0.11 ± 0.31	0.20 ± 0.45	0.094	0.468	> 0.05
守门员补救成功次数	14.19 ± 3.32	10.60 ± 1.82	−3.5911	−4.421	< 0.05
守门员补救成功率	35.87% ± 6.96%	24.44% ± 4.32%	−11.43%	−5.920	< 0.01
守门员 6 米补救成功次数	2.21 ± 1.81	2.60 ± 2.61	0.387	0.332	> 0.05
守门员 6 米补救成功率	27.68% ± 19.95%	30.62% ± 24.78	2.939%	0.265	> 0.05
守门员对边射补救成功次数	1.60 ± 1.25	3.00 ± 1.41	1.404	2.220	> 0.05
守门员对边射补救成功率	36.57% ± 29.14%	29.96% ± 6.50%	−6.612%	−2.276	> 0.05
守门员 9 米补救成功次数	7.70 ± 2.73	1.40 ± 1.14	−6.302	−12.359	< 0.01

指　标	世界 12 支队（47）	中国队（5）	均值差	t	P
	M ± SD	M ± SD			
守门员 9 米补救成功率	48.78% ± 12.53%	28.17% ± 19.04%	−20.614%	−2.421	> 0.05
守门员 7 米补救成功次数	0.64 ± 0.70	0.40 ± 0.55	−0.238	−0.973	> 0.05
守门员 7 米补救成功率	19.37% ± 20.87%	13.33% ± 18.26%	−6.035%	−0.739	> 0.05
守门员在对方快速突破时补救成功次数	1.26 ± 1.34	2.80 ± 1.64	1.545	2.102	> 0.05
守门员在对方快速突破时补救成功率	20.03% ± 21.94%	19.67% ± 12.27%	−0.362%	−0.066	> 0.05
守门员在对方突破时补救成功次数	0.77 ± 0.94	0.40 ± 0.55	−0.366	−1.494	> 0.05
守门员在对方突破时补救成功率	27.27% ± 32.71%	9.00% ± 12.45%	−18.270%	−3.281	< 0.05

注：Test Value 为世界 12 支队各指标的均值，小括号数字表示样本量。

依据表 2.13 可知：

（1）在有关"射门"指标上，我国明显处于劣势；除 9 米射门进球数与 9 米射门次数高于世界整体水平，其他有关"射门"指标均低于世界水平，经单样本 T 检验结果显示，进球数、效率（进球数 / 射门数）、6 米球射门成功率、边射进球数、边射次数、9 米球射门次数、9 米球射门成功率、7 米球射门进球数以及 7 米球射门次数，具有显著性的差异（$P < 0.05$），其中进球数、效率（进球数 / 射门数）、边射次数、9 米球射门次数、7 米球射门进球数、7 米球射门次数上，具有非常显著性的差异（P 远小于 0.01），这些说明：我国男子手球队，在组织射门上与世界整体水平相差很大，这也是我国男子手球队在奥运会、世界锦标赛等大型比赛中一场未胜的最主要原因所在。

（2）从有关"突破"技术上，从均值差看都为负数，表明整体水平低于世界水平，但在快速突破进球数、快速突破进球成功率以及突破进球成功率上，我国与世界不具有显著性的差异（$P > 0.05$），但在快速突破次数、突破进球与突破次数上，我国与世界有显著性的差异（$P < 0.05$），其中快速突破次数与突破次数具有非常大差距（P 远小于 0.01），这表明我国男子手球队在突破相关技术上的差距主要在快速突破次数、突破进球与突破次数。

（3）在"犯规"技术上，我国在黄牌与红牌上较世界整体水平略高，但经检验不具有显著性的差异（$P > 0.05$），而在罚出场 2 分钟上，我国较世界整体水平低，说明：我国男子手球队比赛中，形成以多打少的有利局面多，这是我国的优势，但结合比赛的结果可知，我国男子手球队虽"以多打少"的有利局面多，但队员们的有效组织得分技战术较差，故输掉了比赛。

（4）在"守门员"相关技术上，从均值差分析可知，我国的相对优势在于守门员6米补救成功次数、守门员6米补救成功率、守门员对边射补救成功次数、门将在对方快速突破时补救成功次数这4项指标上，但经检验不具有显著性的差异，而其他指标上，我国均低于世界整体水平，其中我国与世界的差距较大的在于守门员补救成功次数、守门员补救成功率、守门员9米补救成功次数、守门员在对方突破时补救成功率这4项指标上，具有显著性差异（$P < 0.05$），这也是我国男手队在日后训练中要着重加强与改进的。

二、中国女子手球队与世界手球队对比下的优、劣势统计分析

同理，将奥运会、世界锦标赛上，我国女子手球队比赛的有关38项指标进行频数分析与One-Sample T检验，其母体均值，即检验值（Test Value）为女子手球胜方（平局的划为胜方）比赛有关38项指标的均值，而驱逐出场做了描述性的比较分析，并对处理结果进行汇总，如表2.14所示。

表2.14　我国女子手球水平与世界水平各项技术指标统计一览表

指标	世界12支（47）	中国队（8）	均值差	t	P
	M ± SD	M ± SD			
进球数	30.17 ± 3.09	23.50 ± 3.96	−6.67	−4.757	< 0.01
射门数	52.04 ± 4.81	49.88 ± 3.27	−2.17	−1.874	> 0.05
效率（进球数/射门数）	58.28% ± 6.79%	47.37% ± 9.20%	−10.92%	−3.422	< 0.05
6米球射门进球数	5.29 ± 2.68	4.13 ± 1.25	−1.17	−2.674	< 0.05
6米球射门次数	7.42 ± 3.30	6.00 ± 2.93	−1.42	−1.369	> 0.05
6米球射门成功率	71.54% ± 17.28%	78.77% ± 25.87%	7.23%	0.790	> 0.05
边射进球数	3.25 ± 2.17	2.38 ± 1.60	−0.88	−1.549	> 0.05
边射次数	6.25 ± 3.37	4.75 ± 2.12	−1.50	−2.000	< 0.05
边射成功率	48.66% ± 23.06%	44.79% ± 25.80%	−3.86%	−0.424	> 0.05
9米球射门进球数	7.17 ± 3.06	5.75 ± 2.25	−1.42	−1.779	> 0.05
9米球射门次数	17.79 ± 5.67	21.13 ± 3.87	3.33	2.436	< 0.05

指标	世界 12 支（47）M ± SD	中国队（8）M ± SD	均值差	t	P
9 米球射门成功率	39.76% ± 14.81%	28.21% ± 12.19%	−11.55	−2.681	< 0.05
7 米球射门进球数	3.54 ± 2.43	4.38 ± 1.92	0.83	1.226	> 0.05
7 米球射门次数	5.17 ± 2.94	5.75 ± 1.91	0.58	0.864	> 0.05
7 米球射门成功率	62.44% ± 28.51%	76.56% ± 20.62%	14.12%	1.973	> 0.05
快速突破进球数	7.21 ± 2.81	3.50 ± 1.77	−3.71	−5.916	< 0.01
快速突破次数	10.08 ± 3.67	6.25 ± 3.28	−3.83	−3.301	< 0.05
快速突破进球成功率	71.81% ± 14.33%	61.17% ± 29.44%	−0.11	−1.022	> 0.05
突破进球数	3.71 ± 2.61	3.38 ± 1.85	−0.33	−0.511	> 0.05
突破次数	5.33 ± 3.76	6.00 ± 3.16	0.67	0.596	> 0.05
突破进球成功率	72.73% ± 22.22%	63.54% ± 24.27%	−9.19%	−1.071	> 0.05
黄牌	2.79 ± 0.51	3.13 ± 0.35	0.33	2.667	< 0.05
罚出场 2 分钟	3.46 ± 1.44	3.63 ± 2.20	0.17	0.214	> 0.05
红牌	0.13 ± 0.34	0.13 ± 0.35	0.00	0.000	=1.00
守门员补救成功次数	14.83 ± 3.94	23.50 ± 3.96	−5.21	−3.981	< 0.01
守门员补救成功率	37.06% ± 8.02%	26.46% ± 10.98%	−10.60%	−2.730	< 0.05
守门员 6 米补救成功次数	1.75 ± 1.65	1.75 ± 1.49	0.00	0.000	=1.00
守门员 6 米补救成功率	23.89% ± 19.40%	25.91% ± 21.04	2.03%	0.272	> 0.05
门员对边射补救成功次数	2.96 ± 1.81	2.00 ± 1.51	−0.96	−1.793	> 0.05
守门员对边射补救成功率	44.52% ± 23.52%	35.60% ± 22.18%	−8.93%	−1.138	> 0.05
守门员 9 米补救成功次数	7.04 ± 3.10	3.88 ± 1.73	−3.17	−5.187	< 0.01
守门员 9 米补救成功率	53.96% ± 19.97%	37.78% ± 16.32%	−16.18%	−2.804	< 0.05
守门员 7 米补救成功次数	1.00 ± 0.93	0.13 ± 0.35	−0.86	−7.000	< 0.01
守门员 7 米补救成功率	28.96% ± 29.66%	3.13% ± 8.84%	−25.83%	−8.267	< 0.01
守门员在对方快速突破时补救成功次数	1.33 ± 1.40	1.38 ± 1.19	0.04	0.099	> 0.05
守门员在对方快速突破时补救成功率	22.78% ± 24.39%	18.29% ± 13.19%	−4.49%	−0.963	> 0.05
守门员在对方突破时补救成功次数	0.75 ± 1.11	0.63 ± 0.74	−0.13	−0.475	> 0.05
守门员在对方突破时补救成功率	14.46% ± 21.04%	25.00% ± 28.17%	10.54%	1.058	> 0.05

注：Test Value 为世界 12 支队各指标的均值，小括号数字表示样本量。

依据表 2.14 可知：

（1）在有关"射门"指标上，从均值差看，6 米球射门成功率、9 米球射门次数、7 米球射门进球数、7 米球射门次数以及 7 米球射门成功率，这 5 项指标上为正数，表明我国女子手球队在这几项上略高于世界整体水平，而其他指标我国女子手球队均低于世界整体水平。同时还可知，9 米球射门次数上，我国女子手球队与世界整体水平具有显著性的差异（$P < 0.05$），综合以上分析说明：我国女子手球队在 6 米球射门成功率、9 米球射门次数、7 米球射门进球数、7 米球射门次数以及 7 米球射门成功率上具有优势，特别是 9 米球射门次数上优势较为明显，而其他 4 项指标优势不明显（$P > 0.05$）。

（2）在有关"突破"技术上，除"突破次"高于世界水平，这是我国女子手球队的优势，但不具显著性的差异（$P > 0.05$），其他有关突破指标均低于世界水平，且在快速突破进球数和快速突破次数两项指标上具有显著性的差异（$P < 0.05$），说明：我国女子手球队在快速突破进球数和快速突破次数与世界水平差距较远，而快速突破进球成功率、突破进球数以及突破进球成功率上距世界水平较接近。

（3）在"犯规"技术上，我国较世界整体水平略高，经检验，除黄牌具有显著性差异外（$P < 0.05$），其他指标不具有显著性的差异（$P > 0.05$）。

（4）在"守门员"相关技术上，从均值差分析可知，我国女子手球队的相对优势在守门员 6 米补救成功次数、守门员 6 米补救成功率、守门员在对方快速突破时补救成功次数这 4 项指标上，但经检验不具有显著性的差异（$P > 0.05$），而在其他指标上我国均低于世界整体水平，其中我国与世界的差距较大的在守门员补救成功次数、守门员补救成功率、守门员 9 米补救成功次数、守门员 9 米补救成功率、守门员 7 米补救成功次数、守门员 7 米补救成功率这 6 项指标上，经检验具有显著性的差异（$P < 0.05$ 或 $P < 0.01$），这些正是我国女子手球队的劣势所在。

三、我国手球军团的竞技表现细节的特征分析以及训练策略

（一）中国队与世界前 8 强队运动员的体型特征与年龄特征分析以及应对策略

运动员的体型特征与从事竞技运动的能力有着直接的关系，甚至在有些项目中有重要的作用。依据运动选材原理与方法可知，与运动能力有密切关系的体表性状有体长、体重与身体充实度等，这说明运动员的体型特征在一定程度上反映

了该项目的运动特点。在此理论的基础上，我们分别对参加奥运会、世界锦标赛男子和女子手球项目比赛的中国队与世界前 8 名强队进行了统计分析，如表 2.15 所示，同时，为了数据的自明性，笔者绘制了图 2.1。

表 2.15　中国队与世界前 8 强队运动员体征及年龄特征一览表

性别	代表队	年龄	≤ 23 岁	23–27 岁	≥ 27 岁	体长 /cm	体重 /kg	克托莱指数
男子	8 强队	30.9 ± 3.84	0.25	2.5	10.25	190.97 ± 6.65	92.92 ± 9.56	486.68 ± 18.09
	中国队	28.0 ± 3.50	1	7	7	192.18 ± 6.58	91.35 ± 7.65	475.25 ± 30.73
女子	8 强队	26.87 ± 3.84	3.25	4.25	6.75	177.25 ± 6.50	68.83 ± 7.33	388.15 ± 32.29
	中国队	25.53 ± 2.88	4	7	4	178.00 ± 4.00	70.00 ± 4.57	393.21 ± 20.31

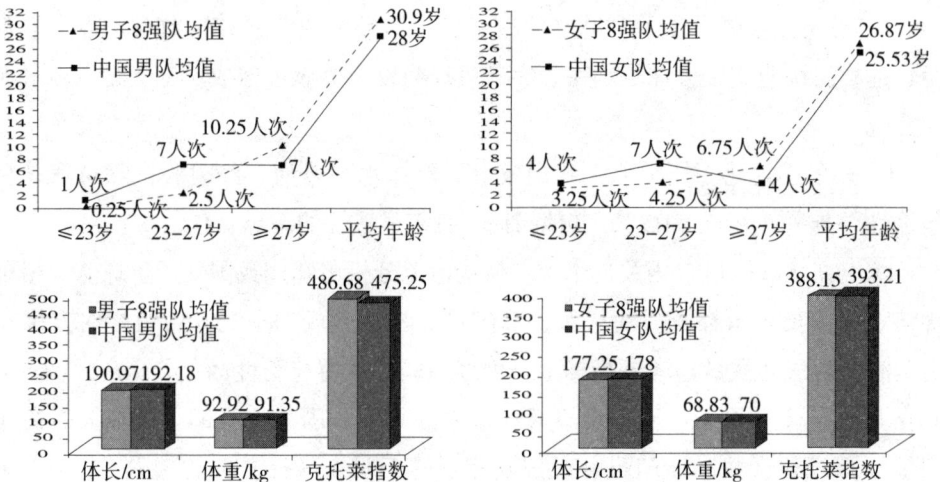

图 2.1　中国队与世界男子、女子手球队的体征及年龄特征对比图

由表 2.15 和图 2.1 分析可知：

（1）男子方面：我国男子手球队的平均体长为 192.18 厘米（cm），比世界前 8 强队伍的平均高度高；体重上，我国全队平均为 91.35 千克（kg），比世界前 8 强队伍略小；身体充实度上，我国男子手球队的平均克托莱指数为 475.25，低于世界前 8 强的平均水平。

（2）女子方面：我国女子手球队的平均体长为 178.00 厘米（cm），略高于世界前 8 强的平均水平；体重上，我国全队平均为 70.00 千克（kg），比世界前 8 强的平均水平要大；身体充实度上，我国女子手球队的平均克托莱指数也要高于世界前 8 强的平均水平。

从以上数据中我们不难看出，我国男子手球队在 2012 年伦敦奥运会上的表现是有一定弊端，而对于我国女子方面的表现则是有很大益处的，其原因有两点：①体长直接影响着运动员在球场中，传接球的范围（包括高度、广度）、运球的速度与视野、进攻出手的射门范围（包括高低、角度）、防守的范围（封球、打球、断球等）以及配合的灵活度。②手球和篮球、足球一样是具有很强身体对抗性的运动，而这种对抗性强弱的表现直接与运动员的体重有关，可见体重是手球运动员在球场中发挥身体对抗的直接体现。

故依据笔者统计分析：

（1）男子方面：中国与韩国选手有着同样的身体缺陷，通常表现为高、瘦、不壮实。身体对抗能力较世界前 8 强队平均水平低。但结合相关比赛录像可以看出，我国及韩国等队伍灵敏性比较好，拥有较快的速度。这也是我国及韩国等队伍的优点所在。

（2）女子方面：我国虽在体长、体重以及克托莱指数上符合当代竞技手球强调的"高、壮"的发展趋势，但体脂含量较多、肌肉成分较少，表现出对抗性不强且移动较慢的缺点，从而暴露出我国女子手球队伍结构"大型化"的缺陷所在。

因此，在组队选材备战中，我国男子手球队要针对自身优缺点，在充分发挥速度和灵敏性的同时，也必须加强身体对抗练习，使自身在激烈的身体对抗中处于主动位置，提高比赛成绩；至于女子手球队则要权衡运动员的高度与速度、技术之间的关系，以及组队时小、中、高大运动员的比例，因为高大运动员在通常情况下很难拥有很快的速度与灵敏度，故笔者认为应该借鉴欧洲强队的组队经验，有意识地去配备速度灵敏、爆发力强、控球能力和组织能力突出的中、小运动员去担任控球后卫和攻击后卫，采用"2 小 1 中 3 大或 1 小 2 中 3 大"的结构，以此来改善我国球队"大型化"的缺陷。最后，从年龄结构上看，依据田麦久先生编著的《运动训练学》上的研究成果显示：技能主导同场对抗性的手球类运动员先天遗传性竞技能力与后天获得性竞技能力最佳组合的年龄段在 25 岁左右，换句话说就是当运动员处在 23~27 岁这一阶段时是运动员竞技能力全面发育成熟期，基于此理论可知，我国男子和女子手球队的年龄层次呈现出"中间大"分布趋势，这有利于新、老运动员竞技能力水平的优势互补，平均年龄在 27 岁左右，相比之下，我国男子与女子手球队比世界前 8 强队在年龄组合上更具优势。

（二）中国与世界前 8 强队核心得分运动员情况比较以及应对策略

手球比赛中的核心运动员是整个球队的主心骨，核心运动员越多其进攻得分的战术配合就越多，可见其在球队中是起着主导作用的人物。一支球队竞技水平的高低、成绩名次的好坏在很大程度上取决于该队核心运动员数量以及发挥水平，他们是一支队伍的灵魂所在。因此，笔者对中国队与世界前 8 强队中的核心得分运动员进行统计分析，见表 2.16，同时，为了数据的自明性，笔者绘制了图 2.2。

表 2.16　中国队与世界前 8 强队核心得分运动员统计一览表

性别	代表队	核心得分手	平均每场进球数	平均每场总进球	百分比
男子	中国队	1	5.78	14.23	40.62%
	8 强队	6**	26.87**	35.51**	75.67%**
女子	中国队	5	15.50	23.50	63.92%
	8 强队	6	23.67*	29.21*	80.96%*

注：本研究定义核心得分手的依据为个人总得分 ≥ 20 分，* 表示具有显著性差异 $P < 0.05$，** 表示具有非常显著性差异 $P < 0.01$。

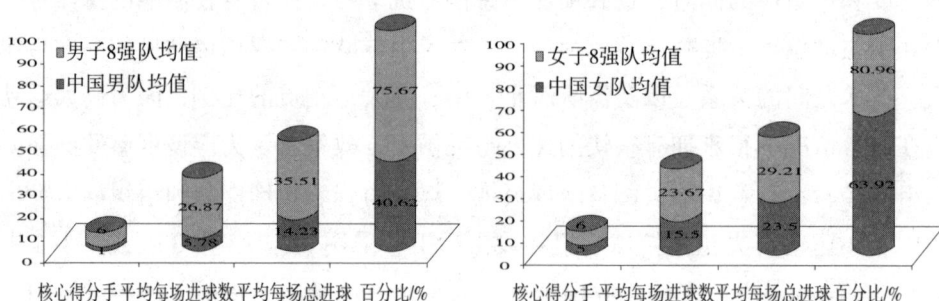

图 2.2　中国队与世界男子、女子手球队的核心得分运动员对比图

由表 2.16 和图 2.2 分析可知：

（1）男子方面：中国队的核心得分手的数量只有 1 名，而世界前 8 强队的平均水平高达 6 名，核心得分手平均每场的进球数上，我国仅为 5.78 个，比世界强队的平均水平要低了近 21 个之多，得分百分比也较世界前 8 强对的平均水平低了 35% 之多，且经检验三项指标都具有显著性的差异（P 远小于 0.05），这充分说明我国男子手球队中缺乏核心运动员且个人技术相对较差，此外，也表明我国男子手球队中队员们以及围绕核心得分手的进攻技战术很差，与世界强队水平具有很大的差距。

（2）女子方面：中国队有 5 名核心得分手，虽然仅仅比世界前 8 强队差 1 名，但进球数上，世界强队的核心得分手的平均每场总进球得分高达 23.67 分，核心得分手的进球效率也高达 80.96%。相比之下，中国队的核心得分手的平均每场比赛总进球得分只有 15.50 分，核心得分手进球效率也低于世界强队水平近 20%，且经检验具有显著性的差异（$P < 0.01$），这充分表明我国女子手球队中，核心得分手的个人技术以及围绕核心得分手而展开的技战术的有效性较世界强队水平具有一定的差距。

综合以上数据和结合视频分析可知：当今世界男子和女子手球强队中，核心得分手的个人能力与球队围绕核心得分手而展开的进攻技战术配合能力都明显比我国男子、女子手球队强，尤其是围绕核心得分手的快速突破与突破技战术配合的运用能力，这也是手球项目发展的趋势。同时也暴露出我国男子、女子手球队在比赛中，围绕核心得分手的技战术配合的有效得分能力明显存在很大的缺陷，尤其是男子方面，其主要表现为接触强对抗时，技术动作往往变形，移动得较慢，遇控球受阻，传不出好球，以至于传球不到位等，从而造成核心得分手在最后射门时的隐蔽性不强，而被对方封堵。基于此，笔者认为这是导致我国男子与女子手球队核心得分手进球效率低的主要原因所在，因此在新奥运周期的备战中要加强围绕着核心得分手的多方位技战术配合得分能力的训练，特别要加强队员们在激烈的身体对抗中，运用技术能力的训练，改进核心得分手的快速突破射门的能力，提高射门的隐蔽性与成功率，这是影响到我国手球军团能否有出色竞技表现的关键。

（三）中国队与世界前 8 强队进攻与防守技战术运用情况以及应对策略

1. 进攻技战术特征分析

依据手球理论可知，进攻是指对防守队所组织的完整而稳定的阵形进行战略性攻击，是进攻方按照一定的战术指导思想在预先设计好的阵形下组织破坏防守方的一种手段。手球比赛中进攻可分为6米球射门、7米球射门、9米球射门、边射门以及突破技术的主要进攻射门方式。笔者依据在奥运会、世界锦标赛等官方网上的数据制得表2.17，为了数据的自明性，笔者绘制了图2.3。

表 2.17 主要进攻方式、射门成功率情况统计一览表

性别	指标		代表队		P
			中国队（5）	8强队（64）	
男子	总计	平均每场进球数	20.8**	28.25	< 0.01
		平均每场射门数	45.40	49.84	> 0.05
		得分率	45.92%**	56.95%	< 0.01
	6米区域	平均每场进球数	4.60	5.98	> 0.05
		平均每场射门数	8.20	8.83	> 0.05
		得分率	54.73%	68.50%	> 0.05
	边射区域	平均每场进球数	1.20*	3.64	< 0.05
		平均每场射门数	2.00**	6.06	< 0.01
		得分率	33.33%	57.23%	> 0.05
	9米区域	平均每场进球数	9.00	7.78	> 0.05
		平均每场射门数	27.20*	20.08	< 0.05
		得分率	33.06%	39.33%	> 0.05
	7米区域	平均每场进球数	1.20*	2.69	< 0.05
		平均每场射门数	1.60*	3.56	< 0.05
		得分率	80.00%	76.30%	> 0.05
	快速突破	平均每场进球数	3.60*	5.64	< 0.05
		平均每场射门数	4.60*	7.83	< 0.05
		得分率	68.67%	73.53%	> 0.05
	突破技术	平均每场进球数	1.20	2.52	> 0.05
		平均每场射门数	1.80	3.48	> 0.05
		得分率	53.33%	66.59%	> 0.05
女子	总计	平均每场进球数	23.9*	29.22	< 0.05
		平均每场射门数	49.88	51.72	> 0.05
		得分率	47.91%*	56.50%	< 0.05
	6米区域	平均每场进球数	4.33	5.13	> 0.05
		平均每场射门数	6	7.47	> 0.05
		得分率	72.17%	68.62%	> 0.05
	边射区域	平均每场进球数	2.38	3.63	> 0.05
		平均每场射门数	4.75	6.72	> 0.05
		得分率	50.11%	53.95%	> 0.05

续表

性别	指标		代表队		
			中国队（5）	8强队（64）	P
女子	9米区域	平均每场进球数	5.75	7.13	＞0.05
		平均每场射门数	21.13	18.34	＞0.05
		得分率	27.22%*	38.84%	＜0.05
	7米区域	平均每场进球数	4.58	3.38	＞0.05
		平均每场射门数	5.75	4.94	＞0.05
		得分率	79.65%*	68.35%	＜0.05
	快速突破	平均每场进球数	3.5**	6.41	＜0.01
		平均每场射门数	6.25*	9.31	＜0.05
		得分率	56.00%*	68.79%	＜0.05
	突破技术	平均每场进球数	3.38	3.56	＞0.05
		平均每场射门数	6	4.94	＞0.05
		得分率	56.33%**	72.15%	＜0.01

注：小括号中的数字表示比赛场次，* 表示具有显著性差异，** 表示具有非常显著性差异。

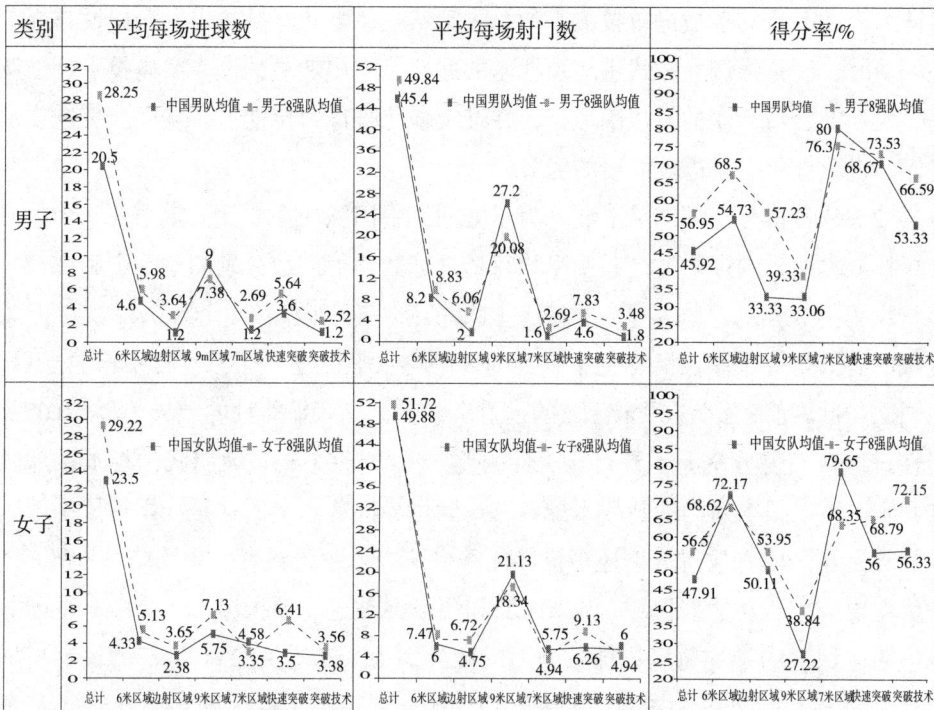

图2.3　中国队与世界男子、女子手球队主要进攻技战术矩阵分析图

由表 2.17 和图 2.3 分析可知：

（1）从整体上看，男子方面：中国队的射门次数虽高达平均每场 45.40 次，仅仅比世界优秀男子手球队平均每场少 4.40 次，经检验两者不具有显著性差异（$P > 0.05$），但结合平均每场进球数可知，中国队比世界前 8 的平均水平低了近 7 个之多，其平均每场得分效率低于世界优秀水平近 10% 之多，且经 K 个独立样本检验显示，中国男子手球队与世界前 8 强队在平均每场进球数和得分率上具有非常显著性的差异（$P < 0.01$）。女子方面：中国队的场均射门数为 49.88 次，虽与世界强队水平差不多（$P > 0.05$），但场均进球数仅为 23.50 个，较世界强队水平低了近 6 个，且具有显著性的差异（$P < 0.05$），故场均得分效率也与世界水平相差较大（$P < 0.05$）。这充分表明世界男子和女子手球强队技术全面、细腻且技战术配合极具威胁力和杀伤力，尤其是得分面广，得分手段多的特点，而中国男子和女子队都表现出，进攻射门次数虽多，但进攻点单一，进攻面窄，且射门的隐蔽性不强，故有效进攻得分的技战术配合的威胁力不大，这也是中国男子和女子手球队整体竞技水平处于世界优秀水平之下的主要原因，尤其是男队。因此，我们备战进攻技战术的总体策略是，强化球队技术的全面性与规范性的同时，着重强调立体式进攻技战术的配合，突出队员的个人突破技术，强调高、快、灵、巧、变的技战术风格，并继续强化身体对抗能力，从而改变进攻推进慢、进攻点单一、进攻面窄的劣势。

（2）从各得分区域细节上看，男子方面：中国队的主要优势集中在 9 米区域进攻技战术配合的远射上，其中平均每场进球数和射门数分别高达 9 个和 27 次，高于世界前 8 强的平均水平，两者平均每场相差分别为 1.22 个和 7.12 次，但该区域的有效得分率中国队却低于世界前 8 平均水平，经 K 个独立样本检验显示，中国队与世界前 8 强队在 9 米区域的远射次数上，具有显著性的差异（$P < 0.05$），但在进球数与得分率上不具有显著性的差异（$P > 0.05$），表明我国男子手球队在 9 米区域上组织射门的技战术配合已达到世界前 8 水平，这是我国男子手球队的优势所在，但有效得分率还与世界优秀水平有差距；再者，中国队与世界前 8 强最主要的差距在边射区域、7 米区域和快速突破这 3 项指标上，其中，中国队在边射区域上的平均每场进球数与射门数分别为 1.20 个和 2.00 次，而世界平均水平分别为 3.64 个和 6.06 次，两者平均每场分别相差 2.44 个和 4.06 次，经 K 个独立样本检验显示具有显著性的差异（$P < 0.05$ 或 $P < 0.01$），得分率上我国

虽较世界水平低了近 25%，但不具有显著性的差异（$P > 0.05$），这些充分说明我国在边射区域上与世界优秀水平相差甚远。中国队在 7 米区域上，平均每场进球数与射门数分别为 1.20 个和 1.60 次，虽低于世界平均水平，经 K 个独立样本检验显示具有显著性的差异（$P < 0.05$），但有效得分率却以平均每场 80.00%，而略高于世界水平的 76.30%，不具有显著性的差异（$P > 0.05$），这些说明我国男子手球队在 7 米区域上虽与世界优秀水平相差较远，但中国队在该区域有效把握得分的能力要略高于世界优秀强队水平，这也是我们在备战中要进一步强化的优势所在。中国队在快速突破上，平均每场进球数与射门数分别为 3.60 个和 4.60 次，低于世界平均水平，且经 K 个独立样本检验显示具有显著性的差异（$P < 0.05$），得分率上我国虽低于世界水平，但不具有显著性的差异（$P > 0.05$），这些都说明我国在快速突破上与世界优秀水平相差较远。此外，我国在 6 米区域和突破能力上，无论是平均每场进球数、射门数，还是效率都要略低于世界前 8 强的平均水平，但经 K 个独立样本检验显示，不具有显著性的差异（$P > 0.05$），说明：我国男子手球队在 6 米区域和突破能力上与世界优秀强队水平接近，差距不是很大。女子方面：世界强队的优秀技战术打法主要体现在 6 米区域、9 米区域和快速突破进攻得分上，其得分比例高达 60% 以上，这体现了世界强队"内外兼顾的立体式进攻"的先进打法，即把握高大队员在内线优势的基础上，全面强化外线运动员的实力，做到内外结合与并重的策略，以体现多点进攻的局势与效果。相比之下，韩国队与哈萨克斯坦队的主要弱点是内线缺乏高大队员的进攻，故 6 米区域内线的得分比例仅为 12.55%，较世界先进水平具有显著性的差异（$P < 0.05$），而我国的优势恰好是内线拥有高大队员的有效进攻，使得内线的得分比例高达 17.55%，与世界强队水平在同一层面上（$P > 0.05$）。再者，结合各队在 7 米禁区、9 米区域、边射区域、快速突破和突破上的数据进一步表明，我国得分的技战术配合较单一，主要围绕着内线 6 米与 7 米区域的某一两个高大队员的进攻，且控球后卫进攻节奏慢，个人技术较差，以至于比赛中较难形成极具威胁的快攻局面，而使我国的主要得分手段集中在外围 9 米区域的远射上，其值高达 24.47%，但结合效率可知，我国较哈萨克斯坦以及韩国等世界强队是最低的，且有显著性差异（$P < 0.05$）。相比之下，韩国队以其身材小，而快速突破能力强，内外线配合传球变化多，快攻战术层面增多，而弥补了内

线较弱的劣势，其快速突破效率高出世界强队的平均水平且具有显著性的差异（$P < 0.05$），这从数据上就可反映出。

综合以上分析可知，我国手球军团要取得较好的成绩，就必须辩证地把俄罗斯、挪威等欧洲强队的力量型打法（依仗高大身材，采用外围强攻，超手射门，内外配合，强行突破等）与韩国等亚洲强队的技巧速度型打法（小、快、灵）相结合，走"高、快、灵、巧、变"的新型打法，以改善我国进攻技战术配合单一，主要得分面少的劣势，尤其男队方面要着重加强队员们多方位的进攻技战术配合的有效得分能力，特别是加强队员们在边射区域、7米区域以及快速突破能力的训练。而女队则要着重改进"进攻点老是围绕着内线某一两个高大队员的进攻"的局面，此外，还要进一步地提高控球后卫组织快攻和个人突破的能力，这样才能在比赛中形成极具威胁的快攻与进攻局势。

2. 防守技战术特征分析

同理，笔者依据在奥运会、世界锦标赛等男子和女子手球比赛中，中国队与世界前 8 强队的各场比赛的失分指标（失分数据源于对手的进球数等相关数据），经 K 个独立样本检验来比较中国队与世界前 8 强队的主要防守技战术特征，从而探讨中国队备战防守技战术的策略，见表 2.18，同时，为了数据的自明性，笔者制成了矩阵图 2.4。

表 2.18　主要防守配合技战术统计情况一览表

性别		指标	代表队		P
			中国队（5/8）	8 强队（64）	
男子	总计	平均每场失球数	32.80**	26.80	< 0.01
		平均每场对方形成射门数	49.80	49.17	> 0.05
		失球率	65.94%**	54.67%	< 0.01
	6 米区域	平均每场失球数	6.00	5.94	> 0.05
		平均每场对方形成射门数	10.20	8.73	> 0.05
		失球率	60.55%	69.19%	> 0.05
	边射区域	平均每场失球数	6.80**	3.16	< 0.01
		平均每场对方形成射门数	11.00**	5.36	< 0.01
		失球率	61.71%	54.87%	> 0.05

性别	指标		代表队		P
			中国队（5/8）	8强队（64）	
男子	9米区域	平均每场失球数	2.20**	8.11	< 0.01
		平均每场对方形成射门数	7.00**	21.64	< 0.01
		失球率	31.43%	37.48%	> 0.05
	7米区域	平均每场失球数	2.00	2.53	> 0.05
		平均每场对方形成射门数	2.80	3.38	> 0.05
		失球率	81.33%	74.20%	> 0.05
	快速突破	平均每场失球数	11.60**	4.73	< 0.01
		平均每场对方形成射门数	13.20**	6.75	< 0.01
		失球率	87.88%*	72.64%	< 0.05
	突破	平均每场失球数	4.20*	2.33	< 0.05
		平均每场对方形成射门数	5.60	3.31	> 0.05
		失球率	75.00%	66.47%	> 0.05
女子	总计	平均每场失球数	27.00	25.90	> 0.01
		平均每场对方形成射门数	45.25	51.06	> 0.05
		失球率	59.67%**	50.73%	< 0.01
	6米区域	平均每场失球数	5.50	4.88	> 0.05
		平均每场对方形成射门数	7.88	7.03	> 0.05
		失球率	69.84%	69.33%	> 0.05
	边射区域	平均每场失球数	3.38	3.59	> 0.05
		平均每场对方形成射门数	7.00	7.28	> 0.05
		失球率	48.21%	49.36%	> 0.05
	9米区域	平均每场失球数	6.75	6.38	< 0.01
		平均每场对方形成射门数	15.00*	20.19	> 0.05
		失球率	45.00%**	31.58%	> 0.05
	7米区域	平均每场失球数	2.38	2.81	> 0.05
		平均每场对方形成射门数	2.75	4.22	> 0.05
		失球率	86.36%**	66.67%	< 0.01
	快速突破	平均每场失球数	5.88	5.31	> 0.05
		平均每场对方形成射门数	8.25	7.94	> 0.05
		失球率	71.21%*	66.93%	< 0.05
	突破	平均每场失球数	3.13	2.94	> 0.05
		平均每场对方形成射门数	4.38	4.41	> 0.05
		失球率	71.43%*	66.67%	< 0.05

注：小括号中的数字表示比赛场次，* 表示具有显著性差异，** 表示具有非常显著性差异。

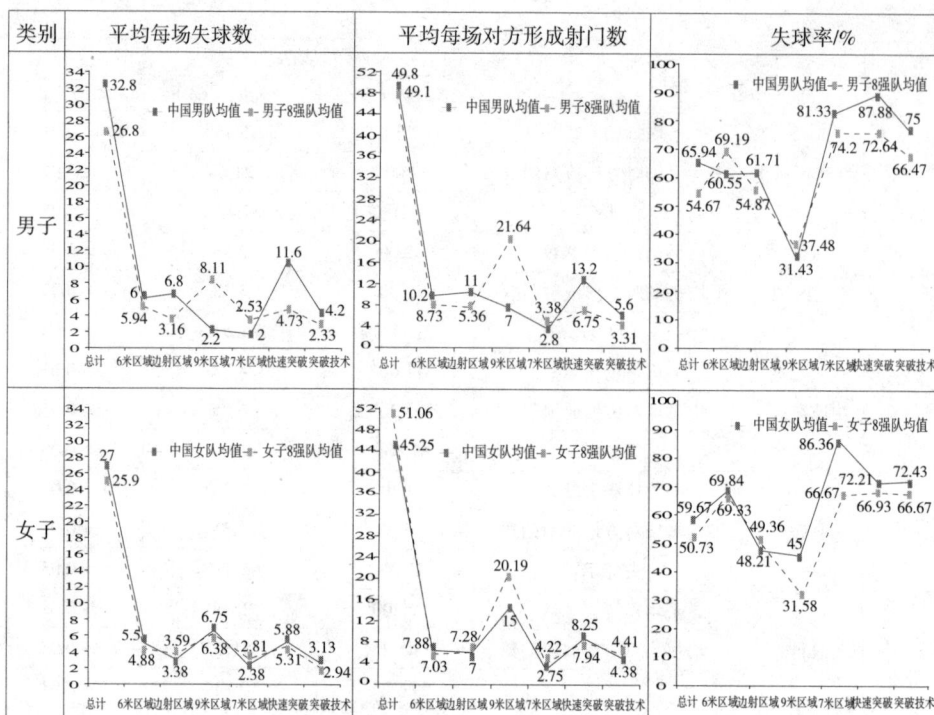

图 2.4 中国队与世界男子、女子手球队主要防守技战术矩阵分析图

由表 2.18 和图 2.4 分析可知：

（1）从整体的防守能力上看，男子方面：中国队平均每场因防守失误而使对方形成射门数为 49.80 次，与世界前 8 强队的 49.17 次的平均水平相当，经 K 个独立样本检验显示，不具有显著性的差异（$P > 0.05$），但中国队的平均每场失球数为 32.80 个，比世界前 8 强的平均水平高了 6.00 个之多，故中国队平均每场失球率高达 65.94%，高出世界水平近 10% 之多，且经 K 个独立样本检验结果显示，具有非常显著性的差异（$P < 0.01$），这反映出我国男子手球队的队员们在防守进攻方的技战术配合上存在很大的缺陷与漏洞，同时也显示出整体防守应变能力差的劣势。女子方面：中国队的失球率高达近 60%，较世界强队的平均水平高了近 10%，且与世界强队有非常显著性的差异（$P < 0.01$），而俄罗斯、韩国等世界强队注重整体防守，采取攻击性的全场紧逼，使进攻方受迫性的失误增多，或者采用扩大的 3—2—1 区域联防或转换半场紧逼人盯人的混合防守战术，从而最大限度地限制了进攻方对内线的进攻。相比之下中国队的防守步伐移动的灵敏性差、速

度慢，且协同防守配合能力不强，从而导致比赛"得分少、失分多"局面。

（2）从失分细节上分析，我国男子手球队在防守技战术配合上存在的问题，6米区域上，我国平均每场失球数为6.00个，仅仅比世界前8强5.94个的平均水平高0.06个，但结合因防守失误而使进攻方平均每场形成的射门数分析可知，我国在6米区域上的防守技战术配合的有效率为60.55%，而世界8强的平均水平为69.19%，两者相差近10%，但经 K 个独立样本检验显示，不具有显著性的差异（ $P > 0.05$ ），说明我国男子手球队虽在6米区域上的有效防守能力较世界优秀水平好，但优势并不是非常明显。边射区域上，我国男子手球队平均每场失球数和对方形成射门数分别为6.80个和11.00次，比世界前8强的平均水平高了近1倍之多，经 K 个独立样本检验显示，具有非常显著性的差异（ $P < 0.01$ ），但失球率不具有显著性的差异（ $P > 0.05$ ），说明我国男子手球队在应付进攻方边射区域上的防守能力较差，较容易使进攻方形成极具威胁的射门而失分，这是我们在日后备战中要着重改进的。9米区域上，我国的场均失球数和对方形成射门数远低于世界8强的平均水平，其值分别为2.20个和7.00次，经 K 个独立样本检验显示，具有非常显著性的差异（ $P < 0.01$ ），说明我国在9米区域上的防守能力高于世界前8强的平均水平，具有一定的优势空间，但不可否认的是该区域的有效失分率我国虽低于世界水平，但不具有显著性的差异（ $P > 0.05$ ），这是我们要进一步加强的。7米区域上，我国的场均失球数和因失误而造成的射门数虽略低于世界前8强队的水平，经 K 个独立样本检验显示，不具有显著性的差异（ $P > 0.05$ ），说明我国男子手球队员们在该区域的有效防守能力略高于世界水平，但两者结合可知，我国在该区域的失球率高达81.33%，与世界前8强水平相比，其值高出许多，但经 K 个独立样本检验显示，不具有显著性的差异（ $P > 0.05$ ），这一方面暴露出我国男子手球队的守门员补救7米区域的技术能力较差，另一方面也暴露出守门员与运动员协同合作的防守能力较差，这是我们教练员要着重加强改进的。防守快速突破上，我国的场均失球数与场均对方形成的射门数都是最多的，其值分别高达每场11.60个和13.20次，比世界前8强的平均水平高出了2倍之多，再者，场均失球率也高达87.88%，比世界前8强的平均水平高出了15%之多，且经 K 个独立样本检验显示，具有显著性的差异（ $P < 0.05$ ），这充分地说明我国男子手球队在防守进攻方的快速突破技战术配合上具有很大的缺陷，其防守能力与世界水平相差甚远，这是我们在日后备战训练中要改进与加强的重中之重的方面，笔

者认为在防守快速突破上的提高程度，关系到我国男子手球队能否在新奥运周期的各大国际比赛上有出色的表现与突破。防守突破上，我国男子手球队场均失球数为 4.20 个，比世界 8 强队高出近 2 个，经检验具有显著性的差异（$P < 0.05$），场均形成的射门数和失球率上虽高于世界 8 强队的平均水平，但不具有显著性的差异（$P > 0.05$）。女子手球队的优势与缺陷在于，中国队防守的优势集中在边射区域上，而缺陷表现在 6 米区域、9 米区域、7 米区域以及防守进攻方组织的快速突破与突破上，其中 9 米区域和 7 米区域的失球率分别高达 45.00% 和 86.36%，与世界强队水平相比，具有非常显著性的差异（$P < 0.01$），且防守进攻方组织的快速突破与突破上的失误率，也都高达 70% 以上，与世界前 8 强队水平相比，具有显著性的差异（$P < 0.01$）。综合以上分析，我国男子和女子手球队在防守技战术的备战上，不能照搬别国的模式，而是要结合自己球队的特点，吸取世界强队防守体系的优势，进行有针对性的配合训练，尤其是男子要特别加强边射区域、7 米区域以及进攻方的快速突破上的能力训练，笔者认为，在一场比赛中，应根据对手变化的具体情况，更多地采用各种攻势防守阵势，即以"多种战术的融会贯通"为核心，在"防守"的基本阵势下注入"侵略性"的动机，即在 6-1 或 5-1 基本阵势上，可转换成 5-0-1、4-2、4-0-2、3-2-1、3-3 等带有攻击性的防守阵势，这样才能改变我国男子和女子手球队整体防守薄弱的劣势。

（四）中国队与世界前 8 强队"以多打少、以少打多、以少防多、以多防少"技战术情况统计、分析以及应对策略

在手球比赛中"以多打少、以少打多、以少防多、以多防少"技战术实施的效果直接影响着比赛结果的胜负，其中手球中最常见的进攻局面就是 6 打 5 或 5 打 6，而防守的局面就是 5 防 6 或 6 防 5，这四种战术实施的综合效果（也就是成功率）直接反映了一支球队的综合战术素养水平，以及衡量了该球队的竞技水平的高低。因此，笔者收集了奥运会、世界锦标赛等中国队与世界前 8 强队，有关反映"以多打少、以少打多、以少防多、以多防少"局面的数据，依据笔者分析可知，"罚出场 2 分钟"是反映以上局面的有效指标，并对数据进行了卡方检验以及描述性统计分析，其结果如表 2.19 和表 2.20。且笔者为了数据的自明性，制成了图 2.5 和图 2.6。

1. "5 防 6 或 5 打 6" 技战术特征

表 2.19 中国队与世界前 8 强队的 "5 防 6 或 5 打 6" 统计情况一览表

性别	代表队	5 防 6 或 5 打 6 的次数	P
男子	中国队（5）	2.80 ± 1.30	> 0.05
	8 强队（64）	3.39 ± 1.61	
女子	中国队（8）	3.63 ± 2.20	> 0.05
	8 强队（64）	4.09 ± 1.80	

注：小括号中的数字表示比赛场次。

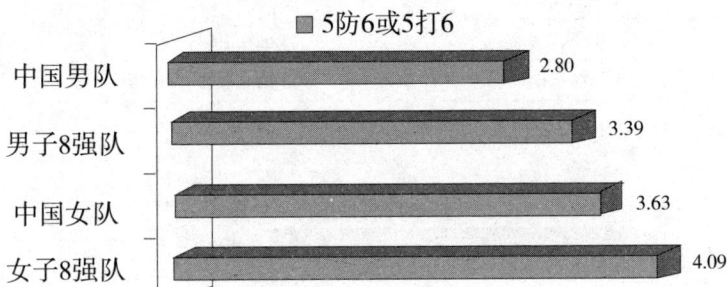

图 2.5 中国队与世界前 8 强队的 "5 防 6 或 5 打 6" 分析图

由表 2.19 的结果显示和图 2.5 的分析可知，在奥运会、世界锦标赛等比赛中，中国男子与女子手球队与世界前 8 强队的卡方分布 P 值均大于 0.05，说明无论是世界男子，还是世界女子各队的被 "罚出场 2 分钟" 的分布是均匀的，即 "5 防 6 或 5 打 6" 的不利局面与各球队之间不具有很强的关联程度，这充分表明在 "5 防 6 或 5 打 6" 的不利情况下，各队在技战术的运用上都在寻求积极主动的措施来干扰和破坏对手各种技战术配合得分的同时，更加重视守中带攻的技战术特征。进一步分析可知，我国男队在比赛中，平均每场出现 "5 防 6 或 5 打 6" 的不利情况为 2.80 次，转换时间为 5.6 分钟，相比之下，世界前 8 强队平均每场出现 "5 防 6 或 5 打 6" 的不利情况为 3.39 次，转换时间为 6.78 分钟；而女子方面，中国队在比赛中，平均每场出现 "5 防 6 或 5 打 6" 的不利情况为 3.63 次，转换时间为 7.26 分钟，相比之下，世界前 8 强队平均每场出现 "5 防 6 或 5 打 6" 的不利情况为 4.09 次，转换时间为 8.18 分钟。综合以上这些数据表明我国男、女手球队因犯规造成的不利局面较世界水平少，但结合比赛结果看，我国在有利情况下的有效失分率却较高，故输掉了整场比赛，这反映出我国男子和女子手球队在"5 防 6 或 5 打 6"的不利情况上要引起注意，这可能是我国手球队未取得好成绩的原因之一。

2. "6 打 5 或 6 防 5"技战术特征

表 2.20　中国队与世界前 8 强队的"6 打 5 或 6 防 5"统计情况一览表

性别	代表队	6 打 5 或 6 防 5 的次数	P
男子	中国队（5）	2.40 ± 0.89	> 0.05
	8 强队（64）	3.58 ± 1.62	
女子	中国队（8）	3.63 ± 1.69	> 0.05
	8 强队（64）	3.91 ± 1.75	

注：小括号中的数字表示比赛场次。

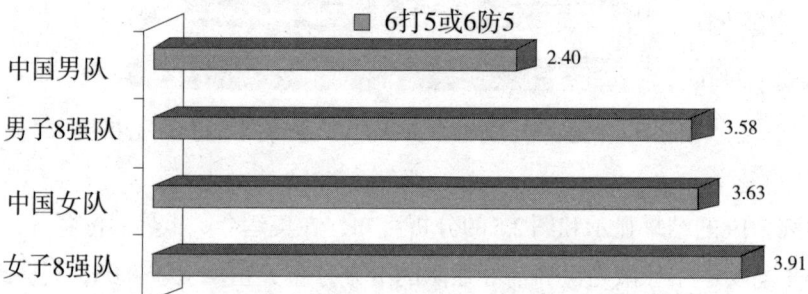

图 2.6　中国队与世界前 8 强队的"6 打 5 或 6 防 5"分析图

　　由表 2.20 的结果显示和图 2.6 的分析可知，在奥运会、世界锦标赛等比赛中，中国队与世界前 8 强队的卡方分布 P 值均大于 0.05，说明各队的"6 打 5 或 6 防 5"的有利局面分布是均匀的，即"6 打 5 或 6 防 5"的有利局面与各球队之间不具有很强的关联程度，这充分表明无论是世界男子，还是世界女子各队在"6 打 5 或 6 防 5"的有利情况下，一方面反映出主动方在积极地创造"6 打 5"机会，争取主动进攻得分；另一方面又反映出被动方特别重视并加强了"5 防 6"的战术体系，以至于被动方在主动方人数占优势的情况下，不会形成很强势的得分优势，这也是当今男女手球项目发展的特征之一。进一步分析可知，无论是男子或女子方面，世界前 8 强队都较中国队更易于为自己形成有利的局面，中国男队为自己创造"6 打 5 或 6 防 5"有利局面为平均每场 2.40 次，转换时间为 4.8 分钟，占整场比赛时间的8%，相比之下，世界前8强队平均每场的有利局面为3.58次，转换时间为7.16分钟，占整场比赛时间的12%；而女队为自己创造"6打5或6防5"有利局面为平均每场3.63次，转换时间为7.26分钟，占整场比赛时间的12.10%，相比之下，世界前8强队平均每场的有利局面为3.91次，转换时间为7.82分钟，占整场比赛时间的13.03%。这些数据都说明中国手球军团为自己创造"6打5或6防5"的有利局面的能力还与世界优秀水平有一定的差距，同时也显示出中国男、女手球队在技战术配合而迫使对方队员被"罚出场2分钟"的犯规次数上的能力还有待提高，这点是我们在备战新奥运周期中要重点加强与注意的。

（五）中国队与世界前8强队"守门员"技战术情况统计、分析以及应对策略

球门区前沿地带是手球比赛最激烈的对抗区域，进攻方千方百计地寻找一切可能的机会对球门发动射门，而防守方想方设法地干扰、阻止进攻方的一切射门机会，当防守方的措施失败后，其最后一道防线就是守门员，因此，守门员是绝对重要的关键位置，守门员技术的好与坏，直接影响着比赛的胜负和全队的士气。优秀的守门员是球队取胜的重要人物，会使全队增强信心，反之亦然。因此，在探讨中国手球军团备战新奥运周期训练的主要策略时，就必须对中国男、女队守门员的表现进行统计与分析，其结果见表2.21，而且笔者为了数据的自明性，制成了矩阵图2.7。

表 2.21　中国队与世界前8强队守门员与队员配合防守技战术统计情况一览表

性别	指标		代表队		P
			中国队（5/8）	8强队（64）	
男子	总计	平均每场补救成功数	10.60	13.34	> 0.05
		平均每场对方射门数	43.40	41.59	> 0.05
		效率 /%	24.44%*	31.91%	< 0.05
	6 米区域	平均每场补救成功数	2.60	2.22	> 0.05
		平均每场对方射门数	8.60	8.20	> 0.05
		效率	30.62%	26.75%	> 0.05

续表

性别	指标		代表队		P
			中国队（5/8）	8强队（64）	
	边射区域	平均每场补救成功数	3.00	1.80	> 0.05
		平均每场对方射门数	9.80*	5.44	< 0.05
		效率	29.96%	32.16%	> 0.05
	9米区域	平均每场补救成功数	1.40**	6.48	< 0.01
		平均每场对方射门数	4.60**	14.27	< 0.01
		效率	28.17%**	44.69%	< 0.01
	7米区域	平均每场补救成功数	0.40	0.63	> 0.05
		平均每场对方射门数	2.40	3.31	> 0.05
		效率	13.33%	18.68%	> 0.05
	快速突破	平均每场补救成功数	2.80	1.40	> 0.05
		平均每场对方射门数	13.40**	7.08	< 0.01
		效率	19.67%	18.54%	> 0.05
	突破技术	平均每场补救成功数	0.40	0.78	> 0.05
		平均每场对方射门数	4.60	3.30	> 0.05
		效率	9.00%*	21.18%	< 0.05
女子	总计	平均每场补救成功数	9.63*	14.56	< 0.05
		平均每场对方射门数	36.75	40.47	> 0.05
		效率	26.19%**	35.98%	< 0.01
	6米区域	平均每场补救成功数	1.75	1.56	> 0.05
		平均每场对方射门数	7.25	6.44	> 0.05
		效率	24.14%	24.27%	> 0.05
	边射区域	平均每场补救成功数	2.00	2.97	> 0.05
		平均每场对方射门数	5.38	6.56	> 0.05
		效率	37.21%*	45.24%	< 0.05
	9米区域	平均每场补救成功数	3.88*	6.78	< 0.05
		平均每场对方射门数	10.63	13.16	> 0.05
		效率	36.47%*	51.54%	< 0.05
	7米区域	平均每场补救成功数	0.13**	0.97	< 0.01
		平均每场对方射门数	2.50	3.78	> 0.05
		效率	5.00%**	25.62%	< 0.01
	快速突破	平均每场补救成功数	1.38	1.50	> 0.05
		平均每场对方射门数	7.25	6.81	> 0.05
		效率	18.97%	22.02%	> 0.05
	突破技术	平均每场补救成功数	0.63	0.78	> 0.0
		平均每场对方射门数	3.75	3.72	> 0.05
		效率	16.67%	21.01%	> 0.05

注：小括号中的数字表示比赛场次，* 表示具有显著性差异，** 表示具有非常显著性差异。

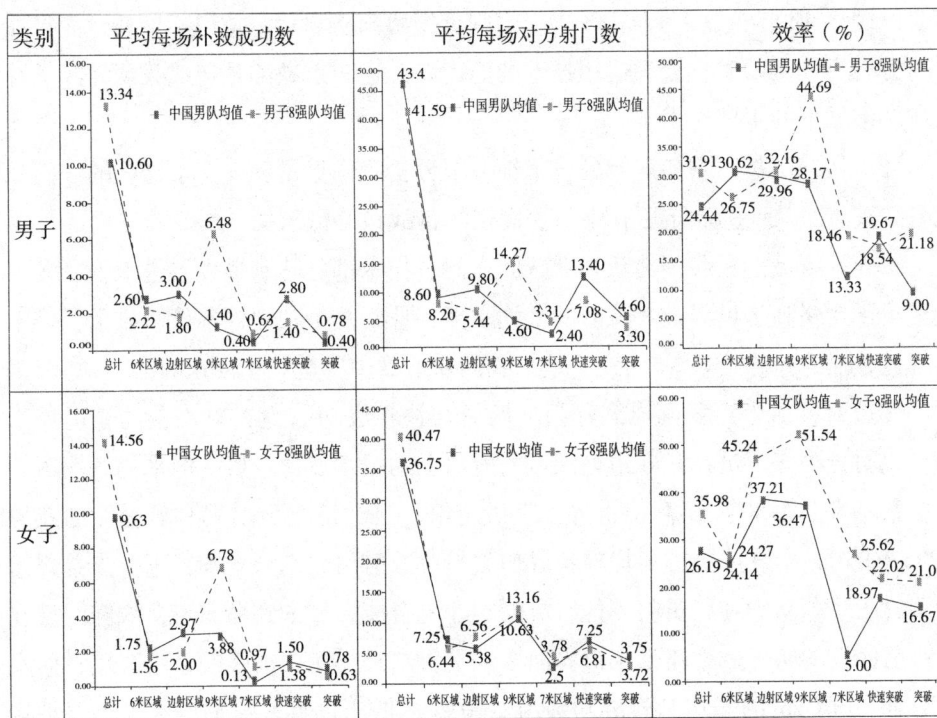

图2.7　中国队与世界男子、女子手球队守门员与队员配合防守技战术矩阵分析图

由表2.21结合图2.7分析可知：

（1）整体实力上，我国男队的守门员平均每场补救成功数为10.60次，比世界前8强队的平均水平低了2.74次，而平均每场对方射门数上，我国与世界前8强队的平均水平差不多，经K个独立样本检验显示，不具有显著性的差异（$P > 0.05$），但两者结合分析可知，中国队守门员的场均补救成功率为24.44%，较世界水平低，且经K个独立样本检验显示，具有显著性的差异（$P < 0.05$）；至于我国女队的守门员综合补救技术要远低于世界8强队守门员的补救技术平均水平，且具有非常显著性或显著性的差异（$P < 0.01$），说明：一方面，我国男、女手球队的守门员的技术与世界优秀守门员的技术还有较大的差距，另一方面，又暴露出我国守门员与其他队员的配合存在很大的问题。综合以上数据以及结合视频分析可知，造成我国守门员补救成功率低下的原因有三点：①我国守门员与世界强队守门员相比之下，主要表现在预判反应能力滞后，以至于脚下移动步伐不到位，从而导致补救技术的质量与规范性差；②组织指挥能力差，主要表现在对方进攻过程中，呼喊与指

45

挥自己同伴协同防守行动上；③非守门队员的协同防守战术意识不果断，而且在与对方有身体接触时，合理运用技术的能力差。这三点缺陷是造成我国守门员补救成功率低下的主要缘由。

（2）从守门员防守各区域的技术细节上分析我国男子和女子手球队的守门员的备战重点，从而为制定更科学、更周密的备战策略做依据。

①6米区域上：我国男队和女队的守门员技术都已达到世界先进水平，尤其是男子还要略高于世界前8强队的平均水平，但经 K 个独立样本检验显示，都不具有显著性的差异（$P > 0.05$），这是我们在备战中要进一步强化的。

②边射区域上：我国男队守门员的场均补救成功数为3.00次，高于世界水平，说明我国守门员在防守边射区域的射门上的技术发挥较好，但平均每场对方射门数却高达9.80次，高出世界水平近1倍，且经检验显示具有显著性的差异（$P < 0.05$），由守门员的场均补救成功数与对方射门数结合可知，进一步暴露出我国男子手球队中守门员与其他队员的防守配合能力差的致命弱点，故守门员在对边射区域的防守效率略低于世界前8水平，这是男队要加强的重中之重；而女队方面，守门员的场均补救成功数为2.00次，低于世界8强平均水平，但平均每场对方射门数却以5.38次而低于世界8强平均水平，结合两者可知效率低于世界8强平均水平近8%，且经检验显示具有显著性的差异（$P < 0.05$），同样暴露出我国女子手球队中守门员与其他队员的防守配合能力差的致命弱点。

③9米区域上：我国男队和女队的平均每场对方射门数都低于世界前8强水平，尤其是男队，这是我国的优势，但在守门员有效补救次数上我国男、女队都与世界前8强水平具有差距（$P < 0.01$ 或 $P < 0.05$），故我国男子和女子手球队在该区域上的防守能力大大低于世界优秀队的平均水平，且具有非常显著性的差异（$P < 0.01$ 或 $P < 0.05$）。

④7米区域上：我国男队和女队的守门员技术都要略低于世界前8强队的平均水平，尤其是女子，与世界前8强具有一定差距（$P < 0.01$），故效率只有5%，较世界水平低了近20%之多，因此在备战中男队和女队都要进一步强化该区域的训练，尤其是女队。

⑤防快速突破上：我国男队守门员的表现要高于世界前8强队守门员的平均水平，场均补救成功数为2.80次，高于世界水平1倍之多，其效率也要略高于世界水平，经检验不具有显著性的差异（$P > 0.05$），而女队场均补救成功数为

1.38 次，略低于世界强队平均水平，但结合平均每场对方射门数分析，效率仅为 18.97%，低于世界强队的平均水平，不具有显著性的差异（$P > 0.05$），笔者分析其原因主要是队员们（除守门员外）防守失误而造成进攻方快速突破所致的场均射门数都高于世界优秀队的平均水平，这也进一步暴露我国男子和女子手球队的整体防守配合能力差的弱点。

⑥防守对方的突破上：我国男队守门员的补救成功次数与世界水平相当，不具有显著性的差异（$P > 0.05$），但结合平均每场对方射门数看，我国守门员的效率与世界水平具有显著性的差异（$P < 0.05$），两者相差了 12% 之多。女队方面，中国队平均每场补救成功数和平均每场对方射门数都和世界前 8 强队平均水平差不多，效率表现一般，为 16.67%。可见，在备战中，我们要加强改进队员们在防进攻方发动的快速突破与突破技战术的实施效果，制定多个技战术配合方案，这也是我们在新奥运周期的各比赛场上，取得出色比赛成绩的关键之一。

因此，在备战中，我国男子和女子手球队的守门员，在补救技术上，要特别加强与全面掌握跨、劈、挡、扑、摔、掷的运动技巧；在战术上，必须强化观察和预判能力的训练，能把握比赛的进程，正确选择自己的位置进行防守或助攻；在身体素质方面，要着重加强敏捷、柔韧、力量的训练，这是守门员技术发挥的重要保障；心理上，加强顽强、沉着、果断的意志品质的培养。此外，也要特别强化其他队员积极配合守门员的能力，可以采用半场人盯人防守转化"3–2–1 或 3–3"攻势防守策略，以便减轻守门员的压力，从而弥补防守弱的致命弱点。

中篇
世界手球发展趋势研究

　　世界锦标赛作为世界各国男子和女子手球队竞技水平检验的大平台，预示着世界男子和女子手球运动的发展趋势。因此，我们在探讨当今男子和女子手球队攻守能力情况时，就必须对近年的世界男子和女子手球锦标赛中的攻守指标进行研究，从而揭示未来世界男子和女子手球运动的发展方向，并为我国男子和女子手球项目的发展提供一定的参考与依据。基于此背景，笔者通过 Internet 在中国知网上，查阅了 2000 年至今手球攻守方面的有关文献资料，发现目前对于男子和女子手球攻守指标方面的研究均集中于各队攻守指标的一一比较上，而对男子和女子手球比赛多因素综合评价与分析方面的研究仍处于盲区。因此，为了研究的科学性与可行性，本文分别选取了能反映球队攻守能力的各 16 项和 14 项指标，采用 Q 型聚类分析法，对其进行了综合评价与分析，以便明确世界男子和女子手球比赛中各队的攻守能力情况，从而揭示当今世界男子和女子手球强队攻守的发展趋势，并探索一种客观、有效、科学的量化评估球队攻守能力的方法。

第三章
世界男子手球队攻守能力发展趋势

【提要】运用文献资料法、数理统计法、对比分析法等主要方法，对男子手球锦标赛 24 支队伍在比赛中能客观反映球队进攻与防守能力的 16 项和 14 项指标数据，进行了 Q 型聚类、等级相关、单因素方差等统计学上的分析与检验。其目的就是揭示当今男子手球队的进攻与防守能力的情况，以探讨世界男子手球实力的格局变化。

第一节　研究对象与方法

一、研究对象

以参加男子手球锦标赛的 24 支队伍，在比赛中能反映攻守能力指标的数据为研究对象。

二、研究方法

1. 文献资料法

通过因特网在中国知网、万方数据库、国家图书馆等平台上检索，获取相关资料；同时，并未发现与本研究雷同的报道。

2. 数理统计法

（1）在国际手球联合会网站（http://www.ihf.info/IHFCompetitions）获取世界男子和女子手球锦标赛各场比赛相关技术指标数据，而后将原始数据按各代表队分类，并在 Excel 2007 软件上进行汇总。

（2）将统计汇总所得世界 24 强队的 16 项和 14 项攻守指标数据录入SPSS15.0 for Windows 软件上，而后对其汇总的数据进行了 Q 型聚类、等级相关、方差分析的处理。

3. 对比分析法

将男子手球各代表队与比赛的相关指标处理后的数据结果，进行分析—比较—归纳等，以便探讨各球队的攻守能力，从而揭示现今男子和女子手球项目攻守能力发展态势。

4. 统计指标的说明

（1）进攻性指标

攻入前场 6 米区域，指有目的地运球—传球，队员们在前场 6 米区域内继续组织进攻，界定为攻入前场 6 米区域；攻入前场 7 米区域，指有目的地运球—传球，队员们在前场 7 米区域内继续组织进攻，界定为攻入前场 7 米区域；攻入前场 9 米区域，指有目的地运球—传球，队员们在前场 9 米区域内继续组织进攻，界定为攻入前场 9 米区域；攻入前场边射区域，指有目的地运球—传球，队员们在前场边射区域内继续组织进攻，界定为攻入前场边射区域；攻入前场6 米区域数 =6 米射门数；攻入前场 7 米区域数 =7 米射门数；攻入前场 9 米区域数 =9 米射门数；攻入边射区域数 = 边射次数；6 米进攻指数 =6 米进球数 ÷6米射门数 ×100%；7 米进攻指数 =7 米进球数 ÷7 米射门数 ×100%；9 米进攻指数 =9 米进球数 ÷9 米射门数 ×100%；边射进攻指数 = 边射进球数 ÷ 边射射门数 ×100%；快速突破进球指数 = 快速突破进球数 ÷ 快速突破射门数 ×100%；突破进攻指数 = 突破进球数 ÷ 突破射门数 ×100%；助攻数 = 助攻总数 ÷ 参赛场次；抢断数 = 抢断总数 ÷ 参赛场次；封堵数 = 封堵总数 ÷ 参赛场次；进攻失

误数 = 进攻失误次数 ÷ 参赛场次。

（2）防守性指标

6 米区域防守失误数，指进攻方队员通过协调、配合等技战术组织形式，在防守方前场 6 米区域形成的射门次数；边射区域防守失误数，指进攻方队员通过协调、配合等技战术组织形式，在防守方边射区域形成的射门次数；9 米区域防守失误数，指进攻方队员通过协调、配合等技战术组织形式，在防守方前场 9 米区域形成的射门次数；7 米区域防守失误数，指进攻方队员通过协调、配合等技战术组织形式，在防守方前场 7 米区域形成的射门次数；防快速突破失误数，指进攻方队员通过"快运—快传"等技战术组织形式，打乱防守方的防御阵型而形成的直接射门次数；防突破失误数，指进攻方持球，在运动中使身体摆脱对方球员的防守，从而在更接近球门的同时，创造出利于自己的直接射门次数；6 米区域防守失误率，指进攻方在防守方前场 6 米区域直接射门得分的成功率；边射区域防守失误率，指进攻方在防守方边射区域直接射门得分的成功率；9 米区域防守失误率，指进攻方在防守方前场 9 米区域直接射门得分的成功率；7 米区域防守失误率，指进攻方在防守方前场 7 米区域直接射门得分的成功率；快速突破失误率，指进攻方通过快速突破而获得了直接射门并得分的成功率；突破失误率，指进攻方通过突破而获得了直接射门并得分的成功率；封球，是用手臂阻截和改变射门球的路线与方向的方法，是一项重要的防守技术；断球，是截获对方传球的方法，是一项积极主动的防守技术。如图 3.1 所示（根据国际手球联合会在技术统计中对前场球门场区的划分标准）。

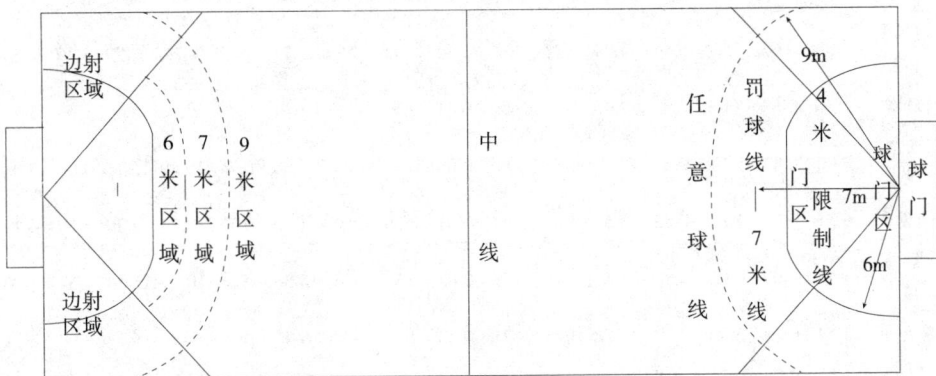

图 3.1　前场球门场区的划分示意图

第二节 研究指标数据的处理

由国际手球联合会网站获取世界男子手球锦标赛各场比赛相关进攻技术指标方面数据，并对数据进行了分队分指标的逐一处理，其结果如表 3.1 所示。

表 3.1 男子手球锦标赛各队进攻能力反馈一览表

指标\队别	1	2	3	4	5	6	7	8	9	10	11	12	13	14	15	16
法国	7.00	0.75	5.60	0.64	18.90	0.53	4.10	0.75	6.60	0.87	6.30	0.89	12.70	12.90	4.20	4.90
丹麦	5.50	0.87	9.40	0.69	23.50	0.50	2.20	0.90	6.80	0.83	4.10	0.75	13.40	10.40	2.80	4.40
西班牙	6.20	0.71	7.60	0.55	16.70	0.42	5.30	0.71	6.70	0.68	5.80	1.31	12.20	13.30	6.30	2.70
瑞典	4.20	0.68	8.10	0.54	19.40	0.41	2.80	0.72	7.00	0.68	6.40	0.74	11.30	10.50	3.50	2.90
克罗地亚	5.78	0.77	7.44	0.66	15.67	0.43	3.78	0.73	6.44	0.55	9.33	0.74	12.33	11.33	3.00	4.44
冰岛	6.67	0.76	5.56	0.56	22.78	0.40	2.89	0.83	10.44	0.77	2.89	0.72	14.00	12.33	4.78	2.22
匈牙利	5.67	0.56	3.67	0.66	25.44	0.36	3.67	0.60	8.22	0.79	4.67	0.69	10.33	13.22	3.78	3.67
波兰	6.33	0.78	5.89	0.54	20.44	0.42	2.89	0.71	6.22	0.85	4.78	0.69	12.67	14.33	4.00	4.11
挪威	9.44	0.74	6.56	0.56	21.56	0.41	3.78	0.68	7.56	0.72	2.33	0.45	14.67	13.67	3.78	3.89
塞尔维亚	4.44	0.70	6.00	0.71	26.00	0.41	3.22	0.81	3.44	0.69	5.11	0.79	9.56	11.89	2.11	3.00
德国	6.44	0.80	6.78	0.66	23.67	0.45	2.44	0.84	6.56	0.67	5.22	0.73	12.33	10.56	4.00	3.22
阿根廷	4.89	0.74	6.67	0.54	20.11	0.35	4.22	0.66	6.00	0.77	7.00	0.70	10.33	14.44	4.11	2.89
韩国	7.00	0.67	6.71	0.40	19.00	0.32	4.71	0.78	6.43	0.78	5.86	0.84	11.00	11.71	3.43	1.14
埃及	6.14	0.65	6.57	0.69	21.29	0.33	3.43	0.55	5.43	0.60	4.86	0.65	10.14	14.43	3.29	2.43
阿尔及利亚	5.00	0.67	6.57	0.44	24.29	0.33	2.29	0.44	5.14	0.50	3.71	0.77	8.29	13.29	3.29	2.14
日本	4.86	0.68	7.43	0.53	22.43	0.29	4.00	0.41	9.57	0.70	8.14	0.72	12.86	14.43	3.00	1.29
斯洛伐克	7.00	0.82	7.57	0.56	17.71	0.34	3.86	0.80	6.29	0.86	7.00	0.74	13.29	15.71	4.00	3.00
奥地利	6.71	0.75	5.86	0.50	23.43	0.43	2.57	0.81	8.29	0.80	4.00	0.72	12.71	13.29	3.29	4.29
罗马尼亚	4.57	0.69	6.00	0.53	21.43	0.41	4.43	0.68	6.86	0.79	5.86	0.66	10.29	15.14	4.57	4.00
突尼斯	5.14	0.68	5.57	0.67	22.71	0.36	3.71	0.43	4.57	0.66	5.43	0.55	9.00	14.57	3.00	2.71
巴西	7.14	0.76	9.71	0.58	21.00	0.32	3.29	0.83	5.57	0.58	5.57	0.66	15.57	13.14	3.57	3.14
智利	5.43	0.70	7.29	0.53	19.00	0.31	3.43	0.60	5.14	0.81	6.14	0.73	9.43	18.29	5.00	2.29

续表

指标 队别	1	2	3	4	5	6	7	8	9	10	11	12	13	14	15	16
巴林	4.57	0.61	5.29	0.37	20.29	0.36	4.14	0.60	6.14	0.81	7.86	0.55	8.86	15.14	3.86	1.14
澳大利亚	4.29	0.65	6.00	0.38	19.14	0.29	2.86	0.71	3.00	0.63	4.86	0.57	5.00	22.14	2.86	1.14

注：1—攻入前场 6 米均数、2-6 米射门数指数、3- 攻入前场边射区域均数、4- 边射区域射门指数、5- 攻入前场 9 米均数、6-9 米射门数指数、7- 攻入前场 7 米均数、8-7 米射门数指数、9- 快速突破射门均数、10- 快速突破进球指数、11- 突破射门均数、12- 突破进球指数、13- 助攻次数、14- 进攻失误次数、15- 抢断次数、16- 封堵次数。

同理，在国际手球联合会获取世界男子手球锦标赛各场比赛相关防守技术指标方面数据，并对数据进行了分队分指标的逐一处理，其结果如表 3.2 所示。

表 3.2　男子手球锦标赛各队防守能力反馈一览表

指标 队别	1	2	3	4	5	6	7	8	9	10	11	12	13	14
法国	5.90	0.70	4.50	0.61	26.40	0.36	2.90	0.62	5.20	0.70	5.60	0.50	3.30	1.70
丹麦	5.50	0.76	6.40	0.42	25.30	0.34	4.70	0.59	4.10	0.67	5.70	0.61	3.70	3.70
西班牙	7.30	0.66	5.80	0.62	19.20	0.41	1.90	0.48	4.50	0.68	4.20	0.69	3.50	1.80
瑞典	6.00	0.79	5.50	0.63	20.8	0.33	3.70	0.78	4.50	0.71	5.10	0.74	2.60	2.70
克罗地亚	4.00	0.54	6.00	0.48	22.11	0.37	3.11	0.66	4.56	0.73	4.11	0.78	3.44	1.56
冰岛	6.33	0.67	6.44	0.47	20.56	0.43	3.33	0.74	6.89	0.78	4.67	0.72	2.33	3.22
匈牙利	6.00	0.77	6.89	0.6	27.78	0.4	2.44	0.81	6.33	0.53	3.44	1.49	3.44	4.00
波兰	4.78	0.68	6.67	0.55	22.78	0.34	3.78	0.71	6.22	0.76	5.11	0.82	4.56	2.33
挪威	5.89	0.71	4.33	0.64	26.56	0.35	4.67	0.80	7.00	0.72	4.89	0.67	3.22	2.22
塞尔维亚	4.22	0.79	6.67	0.55	22.78	0.42	3.67	0.76	6.44	0.81	3.67	0.63	3.67	3.44
德国	6.00	0.65	5.78	0.52	24.56	0.41	4.11	0.66	6.22	0.79	5.00	0.54	3.33	2.00
阿根廷	5.44	0.70	7.78	0.56	18.78	0.38	3.67	0.62	6.33	0.80	7.56	0.64	3.67	3.22
韩国	6.29	0.61	6.57	0.52	16.71	0.35	2.57	0.65	6.86	0.77	7.57	0.7	3.14	3.43
埃及	5.43	0.59	7.14	0.56	16.14	0.40	4.00	0.83	8.14	0.75	6.14	0.63	4.00	3.14
阿尔及利亚	6.57	0.63	6.43	0.57	15.43	0.32	2.14	0.57	5.86	0.6	7.43	0.69	1.86	3.00
日本	10.57	0.74	8.00	0.54	16.86	0.39	2.29	0.55	10.43	0.71	6.57	0.74	3.57	4.43
斯洛伐克	5.43	0.78	6.29	0.54	24.29	0.46	4.29	0.76	8.00	0.83	4.14	0.78	5.43	3.71
奥地利	5.14	0.70	7.00	0.56	22.00	0.40	4.00	0.75	8.57	0.73	6.00	0.67	5.57	2.57
罗马尼亚	3.86	0.89	8.43	0.63	23.14	0.34	3.43	0.75	3.57	0.48	6.71	0.73	3.57	2.57

续表

指标 队别	1	2	3	4	5	6	7	8	9	10	11	12	13	14
突尼斯	6.14	0.79	7.14	0.5	18.14	0.41	3.57	0.87	6.29	0.75	5.29	0.78	5.14	3.00
巴西	6.00	0.85	7.14	0.6	21.14	0.39	2.71	0.56	9	0.78	5.43	0.82	3.29	4.00
智利	4.71	0.7	8.14	0.63	14.43	0.46	4.86	0.73	9.43	0.73	7.43	0.78	5.43	4.14
巴林	6.29	0.79	8.43	0.72	17.14	0.43	4.00	0.74	9.00	0.75	5.71	0.66	5.00	4.29
澳大利亚	7.86	0.85	9.43	0.71	14.29	0.50	4.14	0.76	6.14	0.80	7.43	0.81	4.86	4.57

注：1—6米区域防守失误均数、2—6米区域防守失误率、3—边射区域防守失误均数、4—边射区域防守失误率、5—9米区域防守失误均数、6—9米区域防守失误率、7—7米区域防守失误均数、8—7米区域防守失误率、9—防快速突破失误均数、10—防快速突破失误率、11—防突破失误均数、12—防突破失误率、13—封球均数、14—断球均数。

分别对参加世界男子手球锦标赛的 24 强队，以上表 3.1、3.2 中所有能有效反映攻守能力各 16 项和 14 项指标数据，进行初始化操作。首先对攻守各指标数值中心化，而后再除以各指标的总体标准差，即得到标准化后的数据。在 SPSS15.0 for Windows 统计软件上，进行 Q 型聚类分析，本聚类过程使用方法为"类间连接法"，度量方式为区间变量（Interval）中的欧氏距离的平方，数据转换方式为"标准化 Z 分"，分类数设置为 4，其 1 至 4 类分别为"优、良、中、差"4 个级别。聚类结果如表 3.3 所示。

表 3.3　男子手球锦标赛各队攻守能力聚类结果统计一览表

名次		1	2	3	4	5	6	7	8	9	10	11	12
球队		法国	丹麦	西班牙	瑞典	克罗地亚	冰岛	匈牙利	波兰	挪威	塞尔维亚	德国	阿根廷
进攻	类别	1	1	2	2	1	1	2	1	1	2	1	2
	等级	优	优	良	良	优	优	良	优	优	良	优	良
防守	类别	1	1	2	2	2	1	2	1	1	2	1	2
	等级	优	优	良	良	良	良	优	良	优	良	优	良
名次		13	14	15	16	17	18	19	20	21	22	23	24
球队		韩国	埃及	阿尔及利亚	日本	斯洛伐克	奥地利	罗马尼亚	突尼斯	巴西	智利	巴林	澳大利亚
进攻	类别	2	3	3	4	3	1	4	3	3	3	3	4
	等级	良	中	中	差	中	优	差	中	良	中	中	差
防守	类别	3	3	3	3	4	4	4	3	4	4	4	4
	等级	中	中	中	中	差	差	差	中	良	差	差	差

第三节　结果与分析

一、结果

（一）进攻方面统计结果

由表 3.3 统计结果可知：聚在第一类的共有 8 支球队，其名次依次为第 1 名、第 2 名、第 5 名、第 6 名、第 8 名、第 9 名、第 11 名、第 18 名，占参赛总队数的 33.33%，在进攻能力等级上属于优秀的球队；聚在第二类的共有 6 支球队，其名次依次为第 3 名、第 4 名、第 7 名、第 10 名、第 12 名、第 13 名，占参赛总队数的 25.00%，在进攻能力等级上属于良好的球队；聚在第三类的共有 7 支球队，其名次依次为第 14 名、第 15 名、第 17 名、第 20 名、第 21 名、第 22 名、第 23 名，占参赛总队数的 29.17%，在进攻能力等级上属于中等的球队；聚在第四类的共有 3 支球队，分别为第 16 名、第 19 名、第 24 名，占参赛总队数比例为 12.50%。

以上数据分析反映出，一是聚类的结果与第 22 届世界男子手球锦标赛中，各球队的最终排名是基本符合的，且结合表 3.1 可知，男子各球队攻入 6 米、7 米、9 米、边射区域的次数，突破次数以及快速突破次数多的话，其进球数和进攻指数也相应地较高，尤其是擅长助攻、抢断、封堵的球队，则竞赛的成绩排名就会靠前一些；二是本届锦标赛男子手球 24 强队的整体进攻实力较好，有 8 支球队聚在第一类上，其中冠、亚军和排在前 12 名中的球队，就占了 87.50%。这充分地说明，在手球比赛中，球队要想取得较好的成绩和名次的话，其必定要在技术和战术上下功夫，进攻能力强、成功率高的球队其克敌制胜的概率也较高，比赛名次也相对地靠前。

（二）防守方面统计结果

同理，由表 3.3 可知，聚在第一类的共有 5 支球队，其名次依次为第 1 名、第 2 名、第 7 名、第 9 名、第 11 名，占参赛总队数的 20.83%，在防守能力等级上属于优秀的球队；聚在第二类的共有 7 支球队，其名次依次为第 3 名、第 4 名、第 5 名、第 6 名、第 8 名、第 10 名、第 12 名，占参赛总队数的 29.17%，在防守能力等级上属于良好的球队；聚在第三类的共有 6 支球队，其名次依次为第 13 名、第 14 名、第 15 名、第 16 名、第 20 名、第 21 名，占参赛总队数的 25.00%，在防守能力等级上属于中等的球队；聚在第四类的共有 6 支球队，分别为第 17 名、第 18 名、第 19 名、第 22 名、第 23 名、第 24 名，占参赛总队数比例为 25.00%。

以上数据分析反映出，一是聚类的结果与第 22 届世界男子手球锦标赛中，各球队的最终排名是基本符合的，且结合表 3.1 可知，男子各球队 6 米、7 米、9 米、边射区域防守失误的次数、防突破和快速突破失误次数越少的话，其防守的失误率也相应地较低，尤其是断球、封球的球队，则防守的整体能力也较好，竞赛的名次也靠前；二是本届锦标赛男子手球 24 强队的整体防守实力较好，有 12 支球队聚在第一类和第二类上，其中冠、亚军和排在前 12 名中的球队就占了 50%。这充分地说明，在手球比赛中，球队要想取得较好的成绩和名次的话，其必定要在防守的技术和战术上下功夫，防守能力强、成功率高的球队其克敌制胜的概率也较高，比赛名次也相对地靠前，体现了当今男子手球队防守与进攻并进的发展趋势。

（三）准确性与科学性检验

笔者从研究的准确性与科学性的角度出发，运用了等级相关法对各队进攻能力反映指标的 Q 型聚类结果效度进行了校验；本研究将男子手球共 24 支球队，按照比赛名次划分为四个等级，依次为第 1—6 名为一等、第 7—12 名为二等、第 13—18 名为三等、第 19—24 名为四等，运用等级相关分析公式：

$r_s = 1 - \dfrac{6\sum (X_i - Y_i)^2}{n(n-1)}$（其中：$X_i$ 为变量 X 的第 i 个取值的排名，Y_i 为变量 Y 的第 i 个取值的排名，n 为样本含量）。其结果显示，1）进攻方面：$r_s = 0.8423$，由于各指标相关不可能负相关，故单侧检验可用；基于此，查表等级相关系数临界值表可得，$r_{s0.01}(24) = 0.476$，则 $r_s = 0.8423 > r_{s0.01}(24) = 0.476$，故 $P < 0.01$。2）防守方面：$r_s = 0.879$，由于各指标相关不可能负相关，故单侧检验可用；基于此，查表等级相关系数临界值表可得，$r_{s0.01}(24) = 0.476$，则 $r_s = 0.879 > r_{s0.01}(24) = 0.476$，故 $P < 0.01$。综合以上数据分析可知，聚类结果与比赛名次之间的等级相关程度达到了非常显著性的水平。依据相关系数的性质，可以认为聚类结果能较为客观

地反映出比赛结果；同时，也验证了攻守各 16 项和 14 项指标能够较为准确地反映出球队的进攻能力与防守能力。基于此，笔者认为本研究具备了实践与理论结合的双重意义。

二、分析

（一）进攻方面分析

由表 3.3 表明，聚在第一类的球队有 8 支，其中 4 支球队位于第一等级，3 支球队位于第二等级，还有 1 支球队位于第三等级，总进球数为 2175 个，占所有球队进球总数的 40.36%，每队场均进球数为 30.11 个。这充分说明，聚在第一类的球队进攻实力超强，他们全部来自欧洲，欧洲典型的打法即是凭借身材高大、厚实等先天优势，在比赛中充分发挥其对抗能力强的特点，采用"以内线的超手射门结合外围强攻"的力量型打法，干扰对方进攻，而获取胜利。该类球队的进攻阵型，一般采用一线进攻的 6—0 和二线进攻的 2—4 阵型，这点从边射与外围 9 米区域的数据上就可得到验证，第一类球队攻入"边射与 9 米区域"的场均次数分别为 6.63 次 / 队和 21.24 次 / 队，高于第二、第三、第四类许多，因此可以说，第一类球队均有很犀利的边路结合外围 9 米区域的进攻技战术作为支撑，左右卫的助攻能力非常地强，且与左右边锋的配合很默契，能迅速组织队员展开快速突破射门并得分。此外，抢断、封堵也是第一类球队取得好名次的一大利器所在。如冠军法国队、亚军丹麦队、克罗地亚、挪威等传统强队等都属于该类，这些强队的多项进攻性指标均名列前茅。

聚在第二类的球队有 6 支，其中 2 支球队位于第一等级，3 支球队位于第二等级，1 支球队位于第三等级，共进球 1479 个，占所有球队进球总数的 27.44%，每队场均进球数为 27.40 个。与第一类球队相比可知，该类球队的平均每队场均进球数虽然少于第一类，但是在进攻性指标数据上，该类球队也是非常高的，如西班牙、瑞典、匈牙利、塞尔维亚等这些传统进攻能力强的球队均于该类聚集，这充分说明聚在第二类的球队在进攻能力上也是属于非常强的球队，这与进攻能力强、比赛名次就相对好的总体态势是一致的。

聚在第三类的共有 7 支球队，其中 3 支球队位于第三等级，4 支球队位于第四等级，共进球 1226 个，占所有球队进球总数的 22.75%，每队场均进球数为

25.02 个。第三类的球队的进攻能力较第一、第二类相比，具有很大的差距，表明进攻能力差是这类球队未取得好成绩的直接原因所在，与此同时也充分体现了进攻能力强是取得好成绩与名次的关键。

聚在第四类的共有 3 支球队，其中 1 支球队位于第三等级，2 支球队位于第四等级，共进球 509 个，占所有球队进球总数的 9.45%，每队场均进球数为 24.24 个。从统计结果上看，该类球队中，除日本队和罗马尼亚队外，澳大利亚队在各项进攻能力指标上与第一、第二、第三类比较，均具有很大的差距，这也是其成绩比较差的实质性原因所在。日本队在各项进攻指标上还是具有一定的优势的，其攻入前场 9 米均数、快速突破射门均数、突破射门均数以及助攻次数这 4 项反映进攻过程方面的指标，但其进攻质量比较差；射门次数虽多，但把握射门成功的机会较差且失误较多，这点从其进攻性失误的数据就可得到验证，其场均失误次数高达 14.43 次，这是该队最终取得第 16 名成绩的原因所在。

为了进一步明确男子手球队进攻能力情况，笔者对 16 项指标进行了单样本的方差分析，其结果如表 3.4 所示。

表 3.4　男子手球队进攻能力的方差分析结果一览表

指标数	指标	组间	自由度	组内	自由度	F	P
1	助攻数	41.85	23	18.51	172	2.26	$0.002 < 0.01$
2	"运—传—接"技术性失误数	50.43	23	15.39	172	3.28	0.000 远小于 0.01
3	抢断数	6.65	23	6.09	172	1.09	$0.357 > 0.05$
4	封堵数	9.85	23	4.00	172	2.46	$0.0005 < 0.01$
5	攻入前场 6 米区域数	12.59	23	7.66	172	1.64	$0.039 < 0.05$
6	6 米进攻指数	0.04	23	0.05	172	0.79	$0.731 > 0.05$
7	攻入边射区域数	10.31	23	6.31	172	1.63	$0.043 < 0.05$
8	边射进攻指数	0.07	23	0.040	172	1.84	$0.015 < 0.05$
9	攻入前场 9 米区域数	60.57	23	31.19	172	1.94	$0.009 < 0.01$
10	9 米进攻指数	0.03	23	0.01	172	2.71	$0.0001 < 0.01$
11	攻入前场 7 米区域数	4.37	23	3.32	172	1.31	$0.168 > 0.05$
12	7 米进攻指数	0.14	23	0.08	172	1.64	$0.040 < 0.05$
13	快速突破数	22.60	23	11.36	172	1.99	$0.008 < 0.01$
14	快速突破进攻指数	0.08	23	0.05	172	1.73	$0.026 < 0.05$
15	突破数	21.91	23	6.28	172	3.49	0.000 远小于 0.01
16	突破进攻指数	0.26	23	0.32	172	0.81	$0.719 > 0.05$

表 3.4 说明，各类球队除了在抢断数、6 米进攻指数、攻入前场 7 米区域数以及突破进攻指数 4 项指标上不具有显著性的差异外（$P > 0.05$），其他 12 项指标均具有显著性的差异或非常显著性的差异（$P < 0.05$），其中助攻数、"运—传—接"技术性失误数、封堵数、攻入前场 9 米区域数、9 米进攻指数、快速突破数以及突破数，这 7 项指标具有非常显著性的差异（P 远远小于 0.01），这充分表明本届锦标赛男子手球参赛队伍进攻能力的强与弱主要体现在这 12 个方面。

手球比赛是对阵双方互相攻—守，对球权的争夺与控制，并最终将球攻入对方球门得分的球类运动。在球队整体防守能力逐步提高的前提下，手球队员的个人进攻能力就越来越重要。在球队整体防守能力逐步提高的前提下，手球运动员的个人进攻能力就越来越艰难，因此，作为手球比赛中语言交流的"运—传—接"球技术，它可以达到声东击西，不断地打乱对方的防御部署，形成与同伴协调配合的"助攻"方式来帮助己方持球队员完成最终的攻击性射门得分，从而实现了全队进攻的目的。可见，"运—传—接"球技术成功率、助攻次数的高低与球队进攻能力的强弱成正比例关系，即"运—传—接"球失误次数越低，形成的阻攻次数越多，其进攻能力就越强。封堵是运动员运用手臂阻截并改变射门球的路线、方向的一种带防守性的攻击技术，因为，大胆、果断、准确地采用封堵，能有效破坏对方进攻的威胁并为反击快攻创造有利的条件。统计结果显示，强队与弱队之间在封堵反击次数方面的差异性非常之显著（P 远远小于 0.01），说明防守性质的封堵反击战术成为了当今男子手球强队进攻的一大特点，像法国、丹麦、克罗地亚、波兰、挪威等传统强队也大量采用防守性质的封堵反击战术来发动进攻。笔者认为当今手球强队在越发注重防守的趋势下，怎样通过适时的、高质量的反击战术来发动进攻而赢得比分，是今后各手球队在进攻方面需要重点解决的问题之一。攻入前场 6 米区域数，该指标反映了各球队在球门 6 米弧顶近区组织进攻的能力强弱，统计显示，强队与弱队具有显著性的差异（$P < 0.05$），但结合 6 米进攻指数看，在 6 米进攻的射门成功率上，强队与弱队之间不具有差异，表明无论是强队还是弱队都比较注重 6 米弧顶近区的防守，不会轻易让对方获得较好的得分机会，但强队中队员组织攻入 6 米区域的进攻技战术能力还是高出弱队一筹。边射进攻指数与攻入边射区域数这 2 项指标，反映了球队主要运用的进攻技战术套路，统计显示，本届世界锦标赛男子手球队在"边射"方面存在显著差异（$P < 0.05$），说明当今世界男子手球各队都非常注重前场中路区域的防守，

因此，边路进攻就成为本届男子手球世锦赛中，发动进攻技战术并得分的关键区域。基于此，笔者认为：边路进攻将成为今后男子手球比赛中，进攻技战术的核心组织区域，因此，怎样提高边路进攻技战术的质量是当今男子手球队，也是我国男子手球队，需要重点解决的问题之一。攻入前场9米区域数和9米进攻指数，这2项指标反映了各球队的弧顶远距离射门效率，统计显示，具有非常显著性的差异（P 远小于 0.01），这又进一步说明，本届世锦赛各队都非常注重前场中路球门近区6至7米范围的防守，因此，弧顶9米外围也就成为了本届男子手球比赛中，各队发动远距离外围强攻技战术并得分的关键区域，尤其是法国、丹麦、西班牙、克罗地亚、波兰、挪威、德国等欧洲传统强队，他们依仗天赐的高大身材，采用外围强攻、超手射门、内外配合、强行突破等破坏防守方的防御阵型而适时射门得分。基于此背景，笔者认为：外围9米区域将成为今后男子手球比赛中，又一进攻技战术的核心组织区域，因此，怎样提高外围9米区域进攻技战术的质量也是当今男子手球队，以及我国男子手球队需要重点解决的问题之一。最后，快速突破数、快速突破进攻指数、突破数、突破进攻指数这4项指标，均反映了各球队队员灵活运用脚步动作或结合运球配合等组织战术，是快速超越对手的一项攻击性超强的得分技术，是衡量队员个人进攻能力的重要指标之一。统计显示，除突破进攻指数外，其他3项指标强队与弱队之间具有显著性或非常显著性的差异（$P < 0.05$ 或 < 0.01），说明强队较弱队，在比赛中，更易于成功地突破防守，形成局部区域以多打少的局面，并为直接得分创造良好的机会。笔者认为：快速突破技术的熟练运用，可以增加运动员个人的攻击能力，打乱对方防守布局，提高整个球队的射门成功率与攻击力。

综合以上分析可知，减少对抗中"运—传—接"的失误率、提高助攻次数、适时利用高质量的"封堵"反击技战术以及相对防守比较薄弱的"边路与外围"反击进攻，并且能较好抓住射门机会等指标，是当今男子手球比赛中，弱队与强队之间进攻能力的主要差距所在，也是我国男子手球队今后需要在进攻技战术训练方面加以引起重视的地方。

（二）防守方面分析

由表3.3表明，聚在第一类的球队有5支，其中2支球队位于第一等级，3支球队位于第二等级，失球总数为1252个，占所有球队失球总数的23.22%，每队场均失球数为 26.63 个，这充分说明聚在第一类的球队防守实力超强，他们全部来自欧洲，欧洲典型的打法即是凭借身材高大、厚实等先天优势，在比赛中充分发挥其对抗防守能力强的特点，采用"以内线结合外围防守"的立体型防守战术，干扰对方进攻，从而获取高效率的防守。该类球队的防守阵型，一般采用 6—0 一线防守和 5—1 二线防守的阵型，即身材高大、防守能力较强的队员居中，前锋队员位于两侧，其活动范围较灵活，可以互相补位协防，这点从防边射、外围 9 米区域以及快速突破的失误数据上就可得到验证。第一类球队这 3 项指标的场均失误率分别为 52%、37% 和 68%，低于第二、第三、第四类许多，因此可以说，第一类球队均有很强的防边路、外围 9 米区域以及快速突破的能力，左右卫的协防能力非常强，配合很默契，能迅速组织队员展开防对方的快速突破技战术。此外，断球、封球也是第一类球队防守反击的一大利器所在。如冠军法国队、亚军丹麦队、挪威等传统强队都属于该类，这些强队的多项防守性指标均名列前茅。

聚在第二类的球队有 7 支，其中 4 支球队位于第一等级，3 支球队位于第二等级，共失球 1670 个，占所有球队失球总数的 30.98%，每队场均失球数为 25.69 个。与第一类球队相比可知，该类球队的平均每队场均失球数少于第一类，说明该类球队也是防守能力非常强的球队，如西班牙、瑞典、克罗地亚、冰岛等传统强队均在该类聚集，这与防守能力强，比赛名次就相对好的总体态势是一致的。

聚在第三类的共有 6 支球队，其中 4 支球队位于第三等级，2 支球队位于第四等级，共失球 1226 个，占所有球队失球总数的 21.21%，每队场均失球数为 27.57 个。第三类的球队的防守能力与第一、第二类相比，具有一定的差距，表明防守能力差是这类球队未取得好成绩的直接原因所在，与此同时也充分体现了防守能力强是取得好成绩与名次的关键。

聚在第四类的共有 6 支球队，其中 2 支球队位于第三等级，4 支球队位于第四等级，共失球 1310 个，占所有球队失球总数的 24.30%，每队场均失球数为 31.19 个。从统计结果上看，该类球队在各项防守性指标上与第一、第二、第三类比较，均具有较大的差距，这也是其成绩比较差的实质性原因所在。

为了进一步明确男子手球队防守能力情况，笔者对 14 项指标进行了单样本的方差分析，其结果如表 3.5 所示。

表 3.5　男子手球队防守能力的方差分析结果一览表

指标数	指标	组间	自由度	组内	自由度	F	P
1	6 米区域防守失误数	14.15	23	7.46	172	1.90	$0.011 < 0.05$
2	6 米区域防守失误率	0.06	23	0.05	172	1.22	$0.230 > 0.05$
3	7 米区域防守失误数	5.71	23	3.43	172	1.67	$0.035 < 0.05$
4	7 米区域防守失误率	0.08	23	0.09	172	0.91	$0.592 > 0.05$
5	9 米区域防守失误数	128.39	23	22.19	172	5.80	$0.000 < 0.01$
6	9 米区域防守失误率	0.02	23	0.01	172	1.06	$0.391 > 0.05$
7	边射区域防守失误数	11.85	23	7.12	172	1.66	$0.036 < 0.05$
8	边射区域防守失误率	0.04	23	0.04	172	0.95	$0.534 > 0.05$
9	防快速突破失误数	25.19	23	10.39	172	2.42	$0.001 < 0.01$
10	防快速突破失误率	0.06	23	0.05	172	1.13	$0.322 > 0.05$
11	防突破失误数	13.06	23	7.47	172	1.75	$0.024 < 0.05$
12	防突破失误率	0.30	23	0.28	172	1.05	$0.407 > 0.05$
13	断球数	6.65	23	6.09	172	1.09	$0.005 < 0.01$
14	封球数	9.85	23	4.00	172	2.46	$0.001 < 0.01$

　　表 3.5 说明，各类球队除了在各指标的失误率上不具有显著性的差异外（$P >$ 0.05），其他 8 项指标均具有显著性的差异或非常显著性的差异（$P < 0.05$），其中 9 米区域防守失误数、防快速突破失误数以及封球数这 3 项指标具有非常显著性的差异（P 远远小于 0.01），这充分表明本届锦标赛男子手球参赛队伍防守能力的强与弱主要体现在这 7 个方面。

　　手球比赛是对阵双方相互攻与守的过程。在球队整体进攻能力逐步提高的前提下，手球队员们的个人防守能力以及同步区域防守能力就越来越重要。因此，作为手球比赛中核心的一部分，防守是全队防守战术的基础；提升全队防守水平必须提高队员的个人防守能力，使全队的攻与守不断地促进、不断地转化，从而实现全队整体竞技能力提升的目的。由表 3.5 可知，断球和封球均是在对方"运—传"时，突然截获对方控球权并发动反击快攻的一项积极主动的守中兼攻技术。因为，大胆、果断、准确地采用封球或断球，能有效破坏对方进攻的威胁并为反击快攻创造有利的条件。统计结果显示，强队与弱队之间在封球或断球反击次数方面的差异性非常之显著（P 远远小于 0.01），说明防守性质的封球或断球反击战术已成为了当今男子手球强队防守的一大特点，像法国、丹麦、克罗地亚、波兰、挪威等传统强队都大量采用防守性质的封球或断球反击战术来发动进攻，笔者认为当今男子手球强队在越发注重进攻的趋势下，怎样通过适时的、高质量的防守反击战术来发动进攻从而赢得比分，是今后各手球队在防守方面需要重点解决的问题之一。6米区域防守失误数，该指标反映了各球队在球门6米弧顶近区组织防守能力的强弱；边射区域防守失误数，该指标反映了各球队在球门前左右两边近区内组织防守能力的强弱；9米区域防守失误数，该指标反映了各球队对球门区域弧顶远距离组织防守能力的强弱；7米区域防守失误数，该指标反映了各球队在球门7米弧顶区组织防守能力的强弱。以上4项指标经统计显示，强队与弱队具有显著性或非常显著性的差异（$P < 0.05$ 或 0.01），说明弱队较强队更易于在以上各区域内，使进攻方组织进攻并形成射门，但结合各区域防守失误率看，其防守失误率强队与弱队之间不具有差异性（$P > 0.05$），这又侧面反映出无论强队还是弱队，都比较注重6米弧顶近区、球门前左右两边区域、7米区域以及9米远射区域的防守，不会轻易地让对方直接射门而得分。可见，当今世界男子手球各队均非常注重球门四大区域的防守，基本形成了内外兼顾的立体式防守模式。因此，笔者认为：内外兼顾的立体式防守模式将成为今后男子手球比赛中，防守技战术发展主流。最后，防快速突破失误数、防突破失误数这2项指标，均反映了各球队队员们灵活运用脚步和手上动作协调配合组织防守的能力，也是衡量队员个人防守能力的重要指标之一。统计显示，强队与弱队具有显著性或非常显著性的差异（$P < 0.05$ 或 0.01），说明强队较弱队，更易于成功防守进攻方的快速超越突破或快速突破射门技战术，但结合失误率可知，强队和弱队在比赛中，都比较注重防守进攻方的快速突破或突破技术。

综合以上分析可知，提高对抗中断球与封球的反击次数、利用高质量的立体防守战术等指标，是当今男子手球比赛中，弱队与强队之间防守能力的主要差距所在，也是我国男子手球队今后需要在防守技战术训练方面加以重视的地方。

第四节　主要观点

（1）聚类结果与比赛名次之间的等级相关分析表明，聚类结果能较为客观地反映出比赛结果，且运用Q型聚类分析方法对当今男子手球24强队的进攻能力的综合评价具有实践与理论相结合的双重意义。

（2）笔者选取反映进攻能力与防守能力的各16项和14项指标能够较为准确地反映出球队的攻守能力情况。其中各队在进攻能力方面的差异主要体现在助攻数、"运—传—接"技术性失误数、封堵数、攻入前场 6 米区域数、攻入边射区域数、边射进攻指数、攻入前场 9 米区域数、9 米进攻指数、7 米进攻指数、快速突破数、快速突破进攻指数、突破数，这 12 项指标；各队在防守能力方面的差异主要体现在 6 米区域防守失误数、边射区域防守失误数、9 米区域防守失误数、7 米区域防守失误数、防快速突破失误数、防快速突破失误率、封球数、断球数，这 8 项指标上。

（3）进攻与防守能力的高低与均衡发展是衡量一支队伍整体竞技能力强弱的关键因素，重进攻轻防守或重防守轻进攻的球队是不能取得好成绩与好名次的。可见，各球队必须要在进攻中，减少"运—传—接"的失误率，提高助攻次数，适时利用高质量的封堵反击技战术以及相对防守比较薄弱的边路与外围反击进攻，并且能较好地抓住射门机会等，这是当今男子手球比赛中，弱队与强队之间竞技能力优劣的主要差距所在，是今后男子手球比赛中技战术的主要发展趋势。

（4）当今世界男子手球的格局仍然是由欧洲国家主宰，欧洲球队占了半壁江山，而亚洲、非洲、美洲、大洋洲各队虽有资格参加，但排名都靠后。基于此，今后男子手球仍然是欧洲国家称雄争霸的局面，而且欧洲球队已初步形成了进攻与防守并进的态势，即防守技战术中均带有很犀利的攻击阵型与攻击技术，这是值得我国男子手球队借鉴与吸取的。

第四章

世界女子手球队攻守能力发展趋势

【提要】运用文献资料法、数理统计法、对比分析法等主要方法，对女子手球锦标赛 24 支队伍在比赛中能客观反映球队进攻与防守能力的 16 项和 14 项指标数据，进行了 Q 型聚类、等级相关、单因素方差等统计学上的分析与检验。其目的就是揭示当今女子手球队的进攻与防守能力的情况，以探讨世界女子手球实力的格局变化。

第一节 研究对象与方法

一、研究对象

以参加女子手球锦标赛的 24 支队伍，在比赛中能反映攻守能力指标的数据为研究对象。

二、研究方法

1. 文献资料法

通过因特网在中国知网、万方数据库、国家图书馆等平台上检索，获取相关资料；同时，并未发现与本研究雷同的报道。

2. 数理统计法

（1）在国际手球联合会网站获取世界女子手球锦标赛各场比赛相关技术指标数据，而后将原始数据按各代表队分类，并在 Excel 2007 软件上进行汇总。

（2）将统计汇总所得世界 24 强队的 16 项和 14 项攻守指标数据录入 SPSS15.0 for Windows 软件上，而后对其汇总的数据进行了 Q 型聚类、等级相关、方差分析的处理。

3. 对比分析法

将女子手球各代表队与比赛的相关指标处理后数据的结果，进行分析—比较—归纳等，以便探讨各球队的攻守能力，从而揭示现今女子手球项目攻守能力发展态势。

4. 统计指标的说明

（1）进攻性指标

攻入前场 6 米区域，指有目的地运球—传球，队员们在前场 6 米区域内继续组织进攻，界定为攻入前场 6 米区域；攻入前场 7 米区域，指有目的地运球—传球，队员们在前场 7 米区域内继续组织进攻，界定为攻入前场 7 米区域；攻入前场 9 米区域，指有目的地运球—传球，队员们在前场 9 米区域内继续组织进攻，界定为攻入前场 9 米区域；攻入前场边射区域，指有目的地运球—传球，队员们在前场边射区域内继续组织进攻，界定为攻入前场边射区域；攻入前场 6 米区域数 =6 米射门数；攻入前场 7 米区域数 =7 米射门数；攻入前场 9 米区域数 =9 米射门数；攻入边射区域数 = 边射次数；6 米进攻指数 =6 米进球数 ÷6 米射门数 ×100%；7 米进攻指数 =7 米进球数 ÷7 米射门数 ×100%；9 米进攻指数 =9 米进球数 ÷9 米射门数 ×100%；边射进攻指数 = 边射进球数 ÷ 边射射门数 ×100%；快速突破进球指数 = 快速突破进球数 ÷ 快速突破射门数 ×100%；突破进攻指数 = 突破进球数 ÷ 突破射门数 ×100%；助攻数 = 助攻总数 ÷ 参赛场次；抢断数 = 抢断总数 ÷ 参赛场次；封堵数 = 封堵总数 ÷ 参赛场次；进攻失误数 = 进攻失误次数 ÷ 参赛场次。

（2）防守性指标

6 米区域防守失误数，指进攻方队员通过协调、配合等技战术组织形式，在防守方前场 6 米区域形成的射门次数；边射区域防守失误数，指进攻方队员通过协调、配合等技战术组织形式，在防守方边射区域形成的射门次数；9 米区域防守失误数。指进攻方队员通过协调、配合等技战术组织形式，在防守方前场 9 米区域形成的射门次数；7 米区域防守失误数，指进攻方队员通过协调、配合等技战术组织形式，在防守方前场 7 米区域形成的射门次数；防快速突破失误数，指进攻方队员通过"快运—快传"等技战术组织形式，打乱防守方的防御阵型而形成的直接射门次数；防突破失误数，指进攻方持球，在运动中使身体摆脱对方球员的防守，从而在更接近球门的同时，创造出利于自己的直接射门次数；6 米区域防守失误率，指进攻方在防守方前场 6 米区域直接射门得分的成功率；边射区域防守失误率，指进攻方在防守方边射区域直接射门得分的成功率；9 米区域防守失误率，指进攻方在防守方前场 9 米区域直接射门得分的成功率；7 米区域防守失误率，指进攻方在防守方前场 7 米区域直接射门得分的成功率；快速突破失误率，指进攻方通过快速突破而获得了直接射门并得分的成功率；突破失误率，指进攻方通过突破而获得了直接射门并得分的成功率；封球：是用手臂阻截和改变射门球的路线与方向的方法，是一项重要的防守技术；断球，是截获对方传球的方法，是一项积极主动的防守技术。如图 4.1 所示（根据国际手球联合会在技术统计中对前场球门场区的划分标准）。

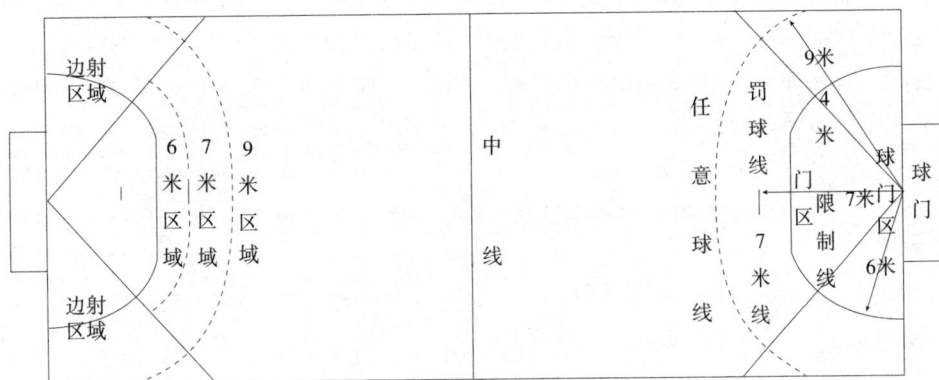

图 4.1　前场球门场区的划分示意图

第二节　研究指标数据的处理

一、指标原始数据的处理

由国际手球联合会网站获取世界女子手球锦标赛各场比赛相关进攻技术指标方面数据，并对数据进行了分队分指标的逐一处理，其结果如表 4.1 所示。

表 4.1　女子手球锦标赛各队进攻能力反馈一览表

指标 队别	1	2	3	4	5	6	7	8	9	10	11	12	13	14	15	16
巴西	7.00	0.75	5.60	0.64	18.90	0.53	4.10	0.75	6.60	0.87	6.30	0.89	12.70	12.90	4.20	4.90
塞尔维亚	5.50	0.87	9.40	0.69	23.50	0.50	2.20	0.90	6.80	0.83	4.10	0.69	13.40	10.40	2.80	4.40
丹麦	6.20	0.71	7.60	0.55	16.70	0.42	5.30	0.71	6.70	0.68	5.80	0.69	12.20	13.30	6.30	2.70
波兰	4.20	0.68	8.10	0.54	19.40	0.41	2.80	0.72	7.00	0.68	6.40	0.45	11.30	10.50	3.50	2.90
挪威	5.78	0.77	7.44	0.66	15.67	0.43	3.78	0.73	6.44	0.55	9.33	0.79	12.33	11.33	3.00	4.44
法国	6.67	0.76	5.56	0.56	22.78	0.40	2.89	0.83	10.44	0.77	2.89	0.73	14.00	12.33	4.78	2.22
德国	5.67	0.56	3.67	0.66	25.44	0.36	3.67	0.60	8.22	0.79	4.67	0.70	10.33	13.22	3.78	3.67
匈牙利	6.33	0.78	5.89	0.54	20.44	0.42	2.89	0.71	6.22	0.85	4.78	0.69	12.67	14.33	4.00	4.11
西班牙	9.44	0.74	6.56	0.56	21.56	0.33	3.78	0.68	7.56	0.72	2.33	0.45	14.67	13.67	3.78	3.89
罗马尼亚	4.44	0.70	6.00	0.71	26.00	0.33	3.22	0.81	3.44	0.69	5.11	0.79	9.56	11.89	2.11	3.00
黑山	6.44	0.80	6.78	0.54	23.67	0.29	0.33	0.84	6.56	0.67	5.22	0.73	12.33	10.56	4.00	3.22
韩国	4.89	0.74	6.67	0.66	20.11	0.34	0.33	0.66	6.00	0.77	7.00	0.69	10.33	14.44	4.11	2.89
荷兰	7.00	0.67	6.71	0.56	19.00	0.43	0.29	0.78	6.43	0.78	5.86	0.69	11.00	11.71	3.43	1.14
日本	6.14	0.65	6.57	0.69	21.29	0.33	3.43	0.55	5.43	0.60	4.86	0.45	10.14	14.43	3.29	2.43
捷克	5.00	0.56	6.57	0.44	24.29	0.33	2.29	0.44	5.14	0.50	3.71	0.77	8.29	13.29	4.78	2.14
安哥拉	4.86	0.78	7.43	0.53	22.43	0.29	4.00	0.41	9.57	0.70	8.14	0.69	12.86	14.43	3.78	3.22
突尼斯	7.00	0.74	7.57	0.54	17.71	0.34	3.86	0.80	6.29	0.86	7.00	0.69	13.29	15.71	4.00	2.89
中国	6.71	0.70	5.86	0.66	23.43	0.43	2.57	0.81	8.29	0.80	4.00	0.45	14.67	13.29	3.78	1.14
阿根廷	4.89	0.80	6.00	0.56	21.43	0.41	4.43	0.68	6.86	0.79	5.86	0.66	9.56	14.43	2.11	2.43
刚果	7.00	0.74	5.57	0.66	22.71	0.54	3.71	0.43	4.57	0.66	5.43	0.55	12.33	13.29	3.00	2.14
巴拉圭	6.14	0.76	9.71	0.58	15.67	0.33	3.29	0.83	5.57	0.58	5.57	0.69	15.57	14.43	4.78	3.14
阿尔及 利亚	5.00	0.70	7.29	0.56	22.78	0.33	3.43	0.60	5.14	0.81	6.14	0.69	14.67	15.71	3.78	2.29
多米尼加	4.86	0.61	5.29	0.66	25.44	0.29	4.14	0.60	6.14	0.81	7.86	0.45	9.56	13.29	4.00	1.21

续表

指标\队别	1	2	3	4	5	6	7	8	9	10	11	12	13	14	15	16
澳大利亚	7.00	0.65	6.00	0.58	20.44	0.34	2.86	0.71	3.00	0.63	4.86	0.79	12.33	14.43	3.78	1.21

注：1—攻入前场 6 米均数、2–6 米射门数指数、3– 攻入前场边射区域均数、4– 边射区域射门指数、5– 攻入前场 9 米均数、6–9 米射门数指数、7– 攻入前场 7 米均数、8–7 米射门数指数、9– 快速突破射门均数、10– 快速突破进球指数、11– 突破射门均数、12– 突破进球指数、13– 助攻次数、14– 进攻失误次数、15– 抢断次数、16– 封堵次数。

同理，在国际手球联合会获取世界女子手球锦标赛各场比赛相关防守技术指标方面数据，并对数据进行了分队分指标的逐一处理，其结果如表 4.2 所示。

表 4.2　女子手球锦标赛各队防守能力反馈一览表

指标\队别	1	2	3	4	5	6	7	8	9	10	11	12	13	14
巴西	5.79	0.64	4.43	0.59	25.98	0.38	2.92	0.64	5.16	0.57	5.77	0.42	3.29	1.69
塞尔维亚	5.49	0.75	6.55	0.41	25.29	0.31	4.64	0.56	4.13	0.71	5.68	0.63	3.68	3.65
丹麦	7.20	0.36	5.70	0.82	19.30	0.51	1.89	0.49	4.16	0.70	4.21	0.70	3.51	1.79
波兰	6.13	0.80	5.60	0.70	20.81	0.37	3.78	0.80	4.55	0.75	5.12	0.73	2.64	2.75
挪威	4.01	0.52	6.02	0.42	22.12	0.32	3.12	0.67	4.57	0.77	4.17	0.77	3.47	1.57
法国	6.37	0.67	6.48	0.47	20.56	0.47	3.37	0.77	6.84	0.75	4.66	0.73	2.32	3.21
德国	6.00	0.77	6.89	0.60	27.78	0.4	2.44	0.81	6.33	0.53	3.44	1.49	3.44	4.00
匈牙利	4.78	0.68	6.67	0.55	22.78	0.34	3.78	0.71	6.22	0.76	5.11	0.82	4.56	2.33
西班牙	5.89	0.71	4.33	0.64	26.56	0.35	4.67	0.80	7.00	0.72	4.89	0.67	3.22	2.22
罗马尼亚	4.22	0.79	6.67	0.55	22.78	0.42	3.67	0.76	6.44	0.81	3.67	0.63	3.67	3.44
黑山	6.00	0.65	5.78	0.52	24.56	0.41	4.11	0.66	6.22	0.79	5.00	0.54	3.33	2.00
韩国	6.00	0.85	7.14	0.6	21.14	0.39	2.71	0.56	6.33	0.80	7.56	0.64	3.67	3.22
荷兰	6.13	0.80	5.60	0.70	20.81	0.37	3.78	0.80	6.86	0.77	7.57	0.7	3.14	3.43
日本	5.43	0.59	7.14	0.56	16.14	0.40	4.00	0.83	8.14	0.75	6.14	0.63	4.00	3.14
捷克	6.57	0.63	6.43	0.57	15.43	0.32	2.14	0.57	5.86	0.6	7.43	0.69	1.86	3.00
安哥拉	10.57	0.74	8.00	0.54	16.86	0.39	2.29	0.55	10.43	0.71	6.57	0.74	3.57	4.43
突尼斯	5.43	0.78	6.29	0.54	24.29	0.46	4.29	0.76	8.00	0.83	4.14	0.78	5.43	3.71
中国	5.14	0.70	7.00	0.56	22.00	0.40	4.00	0.75	8.57	0.73	6.00	0.67	5.57	2.57
阿根廷	3.86	0.89	8.43	0.63	23.14	0.34	3.43	0.75	3.57	0.48	6.71	0.73	3.57	2.57
刚果	6.14	0.79	7.14	0.5	18.14	0.41	3.57	0.87	6.29	0.75	5.29	0.78	5.14	3.00

续表

指标 队别	1	2	3	4	5	6	7	8	9	10	11	12	13	14
巴拉圭	6.00	0.85	7.14	0.6	21.14	0.39	2.71	0.56	9	0.78	5.43	0.82	3.29	4.00
阿尔及利亚	6.13	0.80	5.60	0.70	20.81	0.37	3.78	0.80	4.55	0.75	5.12	0.73	2.64	2.75
多米尼加	4.01	0.52	6.02	0.42	22.12	0.32	3.12	0.67	4.57	0.77	4.17	0.77	3.27	1.67
澳大利亚	6.37	0.67	6.48	0.47	20.56	0.47	3.37	0.77	6.84	0.75	4.66	0.73	2.32	3.31

注：1–6米区域防守失误均数、2–6米区域防守失误率、3–边射区域防守失误均数、4–边射区域防守失误率、5–9米区域防守失误均数、6–9米区域防守失误率、7–7米区域防守失误均数、8–7米区域防守失误率、9–防快速突破失误均数、10–防快速突破失误率、11–防突破失误均数、12–防突破失误率、13–封球均数、14–断球均数。

分别对参加世界女子手球锦标赛的 24 强队，以上表 4.1、4.2 中所有能有效反映攻守能力各 16 项和 14 项指标数据，进行初始化操作。首先对攻守各指标数值中心化，而后再除以各指标的总体标准差，即得到标准化后的数据。在 SPSS15.0 for Windows 统计软件上，进行 Q 型聚类分析，本聚类过程使用方法为"类间连接法"，度量方式为区间变量（Interval）中的欧氏距离的平方，数据转换方式为"标准化 Z 分"，分类数设置为 4，其 1 至 4 类分别为"优、良、中、差"4 个级别。聚类结果如表 4.3 所示。

表 4.3　女子手球锦标赛各队攻守能力聚类结果统计一览表

名次		1	2	3	4	5	6	7	8	9	10	11	12
球队		巴西	塞尔维亚	丹麦	波兰	挪威	法国	德国	匈牙利	西班牙	罗马尼亚	黑山	韩国
进攻	类别	1	1	2	2	1	1	2	1	1	2	1	2
	等级	优	优	良	良	优	优	良	优	优	良	优	良
防守	类别	1	1	2	2	2	2	1	2	1	2	1	2
	等级	优	优	良	良	良	良	优	良	优	良	优	良
名次		13	14	15	16	17	18	19	20	21	22	23	24
球队		荷兰	日本	捷克	安哥拉	突尼斯	中国	阿根廷	刚果	巴拉圭	阿尔及利亚	多米尼加	澳大利亚
进攻	类别	2	3	3	4	3	1	4	3	3	3	3	4
	等级	良	中	中	差	中	优	差	中	良	中	中	差
防守	类别	3	3	3	3	4	4	4	4	3	4	4	4
	等级	中	中	中	中	差	差	差	差	良	差	差	差

第三节　研究结果与分析

一、研究结果

（一）进攻方面统计结果

由表 4.3 统计结果可知：聚在第一类的共有 8 支球队，其名次依次为第 1 名、第 2 名、第 5 名、第 6 名、第 8 名、第 9 名、第 11 名、第 18 名，占参赛总队数的 33.33%，在进攻能力等级上属于优秀的球队；聚在第二类的有 6 支球队，其名次依次为第 3 名、第 4 名、第 7 名、第 10 名、第 12 名、第 13 名，占参赛总队数的 25.00%，在进攻能力等级上属于良好的球队；聚在第三类的共有 7 支球队，其名次依次为第 14 名、第 15 名、第 17 名、第 20 名、第 21 名、第 22 名、第 23 名，占参赛总队数的 29.17%，在进攻能力等级上属于中等的球队；聚在第四类的共有 3 支球队，分别为第 16 名、第 19 名、第 24 名，占参赛总队数比例为 12.50%。

以上数据分析反映出，一是聚类的结果与第 22 届世界女子手球锦标赛中，各球队的最终排名是基本符合的，且结合表 4.1 可知，女子各球队攻入 6 米、7 米、9 米、边射区域的次数，突破次数以及快速突破次数多的话，其进球数和进攻指数也相应地较高，尤其是擅长助攻、抢断、封堵的球队，则竞赛的成绩排名就会靠前一些；二是本届锦标赛女子手球 24 强队的整体进攻实力较好，有 8 支球队聚在第一类上，其中冠、亚军和排在前 12 名中的球队，就占了 87.50%。这充分地说明，在手球比赛中，球队要想取得较好的成绩和名次的话，其必定要在技术和战术上下功夫，进攻能力强、成功率高的球队其克敌制胜的概率也较高，比赛名次也相对地靠前。

（二）防守方面统计结果

同理，由表 4.3 可知，聚在第一类的共有 5 支球队，其名次依次为第 1 名、第 2 名、第 7 名、第 9 名、第 11 名，占参赛总队数的 20.83%，在防守能力等级上属于优秀的球队；聚在第二类的共有 7 支球队，其名次依次为第 3 名、第 4 名、第 5 名、第 6 名、第 8 名、第 10 名、第 12 名，占参赛总队数的 29.17%，在防守能力等级上属于良好的球队；聚在第三类的共有 6 支球队，其名次依次为第13名、第14名、第15名、第16名、第20名、第21名，占参赛总队数的25.00%，在防守能力等级上属于中等的球队；聚在第四类的共有6支球队，分别为第17名、第18名、第19名、第22名、第23名、第24名，占参赛总队数比例为25.00%。

以上数据分析反映出，一是聚类的结果与第22届世界女子手球锦标赛中，各球队的最终排名是基本符合的，且结合表4.1可知，女子各球队6米、7米、9米、边射区域防守失误的次数、防突破和快速突破失误次数越少的话，其防守的失误率也相应地较低，尤其是断球、封球的球队，则防守的整体能力也较好，竞赛的名次也靠前；二是本届锦标赛女子手球24强队的整体防守实力较好，有12支球队聚在第一类和第二类上，其中冠、亚军和排在前12名中的球队就占了50%。这充分地说明，在手球比赛中，球队要想取得较好的成绩和名次的话，其必定要在防守的技术和战术上下功夫，防守能力强、成功率高的球队其克敌制胜的概率也较高，比赛名次也相对地靠前，体现了当今女子手球队防守与进攻并进的发展趋势。

（三）准确性与科学性检验

笔者从研究的准确性与科学性的角度出发，运用了等级相关法对各队进攻能力反映指标的Q型聚类结果效度进行了校验；本研究将女子手球共24支球队，按照比赛名次划分为四个等级，依次为第1—6名为一等、第7—12名为二等、第13—18名为三等、第19—24名为四等，运用等级相关分析公式：$r_s = 1 - \dfrac{6 \sum (X_i - Y_i)^2}{n(n-1)}$（其中：$X_i$为变量$X$的第$i$个取值的排名，$Y_i$为变量$Y$的第$i$个取值的排名，$n$为样本含量）。其结果显示，1）进攻方面：$r_s = 0.8423$，由于各指标相关不可能负相关，故单侧检验可用；基于此，查表等级相关系数临界值表可得，$r_{s0.01} = 0.476$，则$r_s = 0.8423 > r_{s0.01}(24) = 0.476$，故$P < 0.01$。2）防守方面：$r_s = 0.879$，由于各指标相关不可能负相关，故单侧检验可用；基于此，查表等级相关系数临界值表可得，$r_{s0.01}(24) = 0.476$，则$r_s = 0.879 > r_{s0.01}(24) = 0.476$，故$P < 0.01$。综合以上数据分析可知，聚类结果与比赛名次之间的等级相关程度达到了非常显著性的水平。依据相关系数的性质，可以认为聚类结果能较为客观地反映出比赛结果；同时，也验证了攻守各16项和14项指标能够较为准确地反映

出球队的进攻能力与防守能力。基于此，笔者认为本研究具备了实践与理论结合的双重意义。

二、分析

（一）进攻方面分析

由表 4.3 表明，聚在第一类的球队有 8 支，其中 4 支球队位于第一等级，3 支球队位于第二等级，还有 1 支球队位于第三等级，总进球数为 2135 个，占所有球队进球总数的 40.16%，每队场均进球数为 29.11 个。这充分说明，聚在第一类的球队进攻实力超强，他们全部来自欧洲，欧洲典型的打法即是凭借身材高大、厚实等先天优势，在比赛中充分发挥其对抗能力强的特点，采用"以内线的超手射门结合外围强攻"的力量型打法，干扰对方进攻，而获取胜利。该类球队的进攻阵型，一般采用一线进攻的 6—0 和二线进攻的 2—4 阵型，这点从边射与外围 9 米区域的数据上就可得到验证，第一类球队攻入"边射与 9 米区域"的场均次数分别为 6.63 次 / 队和 20.24 次 / 队，高于第二、第三、第四类许多，因此可以说，第一类球队均有很犀利的边路结合外围 9 米区域的进攻技战术作为支撑，左右卫的助攻能力非常地强，且与左右边锋的配合很默契，能迅速组织队员展开快速突破射门并得分。此外，抢断、封堵也是第一类球队取得好名次的一大利器所在。如冠军巴西队、塞尔维亚队、挪威队、法国队等传统强队等都属于该类，这些强队的多项进攻性指标均名列前茅。

聚在第二类的球队有 6 支，其中 2 支球队位于第一等级，3 支球队位于第二等级，1 支球队位于第三等级，共进球 1469 个，占所有球队进球总数的 26.24%，每队场均进球数为 26.80 个。与第一类球队相比可知，该类球队的平均每队场均进球数虽然少于第一类，但是在进攻性指标数据上，该类球队也是非常高的，如丹麦、波兰、德国、罗马尼亚等这些传统进攻能力强的球队均于该类聚集，这充分说明聚在第二类的球队在进攻能力上也是属于非常强的球队，这与进攻能力强、比赛名次就相对好的总体态势是一致的。

聚在第三类的共有 7 支球队，其中 3 支球队位于第三等级，4 支球队位于第四等级，共进球 1215 个，占所有球队进球总数的 20.75%，每队场均进球数为 23.02 个。第三类的球队的进攻能力较第一、第二类相比，具有很大的差距，表明进攻能力差是这类球队未取得好成绩的直接原因所在，与此同时也充分体现了进攻能力强是取得好成绩与名次的关键。

聚在第四类的共有 3 支球队，其中 1 支球队位于第三等级，2 支球队位于第四等级，共进球 509 个，占所有球队进球总数的 9.45%，每队场均进球数为 24.24 个。从统计结果上看，该类球队中，除安哥拉队和阿根廷队外，澳大利亚队在各项进攻能力指标上与第一、第二、第三类比较，均具有很大的差距，这也是其成绩比较差的实质性原因所在。安哥拉队在各项进攻指标上还是具有一定的优势的，其攻入前场 9 米均数、快速突破射门均数、突破射门均数以及助攻次数这 4 项反映进攻过程方面的指标均排名前三，但其进攻质量比较差；射门次数虽多，但把握射门成功的机会较差且失误较多，这点从其进攻性失误的数据就可得到验证，其场均失误次数高达 14.43 次，这是该队最终取得第 16 名成绩的原因所在。

为了进一步明确女子手球队进攻能力情况，笔者对 16 项指标进行了单样本的方差分析，其结果如表 4.4 所示。

表 4.4　女子手球队进攻能力的方差分析结果一览表

指标数	指标	组间	自由度	组内	自由度	F	P
1	助攻数	41.65	23	18.31	172	2.16	$0.002 < 0.01$
2	"运—传—接" 技术性失误数	50.53	23	15.49	172	3.18	$0.000 < 0.01$
3	抢断数	6.76	23	6.59	172	1.29	$0.360 > 0.05$
4	封堵数	9.97	23	4.10	172	2.36	$0.008 < 0.01$
5	攻入前场 6 米区域数	12.65	23	7.76	172	1.54	$0.037 < 0.05$
6	6 米进攻指数	0.14	23	0.15	172	0.89	$0.810 > 0.05$
7	攻入边射区域数	10.34	23	6.41	172	1.73	$0.033 < 0.05$
8	边射进攻指数	0.81	23	0.05	172	1.94	$0.021 < 0.05$
9	攻入前场 9 米区域数	60.12	23	31.30	172	1.84	$0.008 < 0.01$
10	9 米进攻指数	0.34	23	0.02	172	2.61	$0.005 < 0.01$
11	攻入前场 7 米区域数	4.40	23	3.24	172	1.51	$0.268 > 0.05$
12	7 米进攻指数	0.24	23	0.18	172	1.74	$0.040 < 0.05$
13	快速突破数	22.54	23	11.26	172	1.89	$0.008 < 0.01$
14	快速突破进攻指数	0.09	23	0.06	172	1.63	$0.026 < 0.05$
15	突破数	21.89	23	6.58	172	3.79	0.000 远小于 0.01
16	突破进攻指数	0.36	23	0.62	172	0.61	$0.719 > 0.05$

表 4.4 说明，各类球队除了在抢断数、6 米进攻指数、攻入前场 7 米区域数以及突破进攻指数 4 项指标上不具有显著性的差异外（$P > 0.05$），其他 12 项指标均具有显著性的差异或非常显著性的差异（$P < 0.05$），其中助攻数、"运—传—接" 技术性失误数、封堵数、攻入前场 9 米区域数、9 米进攻指数、快速突破数以及突破数，这 7 项指标具有非常显著性的差异（P 远远小于 0.01），这充分表明本届锦标赛女子手球参赛队伍进攻能力的强与弱主要体现在这 12 个方面。

手球比赛是对阵双方互相攻—守，对球权的争夺与控制，并最终将球攻入对方球门得分的球类运动。在球队整体防守能力逐步提高的前提下，手球队员的个人进攻能力就越来越重要。在球队整体防守能力逐步提高的前提下，手球运动员的个人进攻能力就越来越艰难，因此，作为手球比赛中语言交流的 "运—传—接球" 技术，它可以达到声东击西，不断地打乱对方的防御部署，形成与同伴协调配合的 "助攻" 方式来帮助己方持球队员完成最终的攻击性射门得分，从而实现了全队进攻的目的。可见，"运—传—接" 球技术成功率、助攻次数的高低与球队进攻能力的强弱成正比例关系，即 "运—传—接" 球失误次数越低，形成的阻攻次数越多，其进攻能力就越强。封堵是运动员运用手臂阻截并改变射门球的路线、方向的一种带防守性的攻击技术，因为，大胆、果断、准确地采用封堵，能有效破坏对方进攻的威胁并为反击快攻创造有利的条件，统计结果显示，强队与弱队之间在封堵反击次数方面的差异性非常之显著（P 远远小于 0.01），说明防守性质的封堵反击战术成为了当今女子手球强队进攻的一大特点，像丹麦、波兰、德国、罗马尼亚等传统强队也大量采用防守性质的封堵反击战术来发动进攻，笔者认为当今手球强队在越发注重防守的趋势下，怎样通过适时的、高质量的反击战术来发动进攻而赢得比分，是今后各手球队在进攻方面需要重点解决的问题之一。攻入前场 6 米区域数，该指标反映了各球队在球门 6 米弧顶近区组织进攻的能力强弱，统计显示，强队与弱队具有显著性的差异（$P < 0.05$），但结合 6 米进攻指数看，在 6 米进攻的射门成功率上，强队与弱队之间不具有差异，表明无论是强队还是弱队都比较注重 6 米弧顶近区的防守，不会轻易让对方获得较好的得分机会，但强队中队员组织攻入 6 米区域的进攻技战术能力还是高出弱队一筹。边射进攻指数与攻入边射区域数这 2 项指标，反映了球队主要运用的进攻技战术套路，统计显示，本届世界锦标赛女子手球队在 "边射" 方面存在显著差异（$P < 0.05$），说明当今世界女子手球各队都非常注重前场中路区域的

防守，因此，边路进攻就成为女子手球世锦赛中，发动进攻技战术并得分的关键区域，基于此，笔者认为：边路进攻将成为今后女子手球比赛中，进攻技战术的核心组织区域，因此，怎样提高边路进攻技战术的质量是当今女子手球队，也是我国女子手球队，需要重点解决的问题之一。攻入前场 9 米区域数和 9 米进攻指数，这 2 项指标反映了各球队的弧顶远距离射门效率，统计显示，具有非常显著性的差异（P 远小于 0.01），这又进一步说明，本届世锦赛各队都非常注重前场中路球门近区 6 至 7 米范围的防守，因此，弧顶 9 米外围也就成为了女子手球比赛中，各队发动远距离外围强攻技战术并得分的关键区域，尤其是法国、丹麦、西班牙、克罗地亚、波兰、挪威、德国等欧洲传统强队，他们依仗天赐的高大身材，采用外围强攻、超手射门、内外配合、强行突破等破坏防守方的防御阵型而适时射门得分，基于此背景，笔者认为：外围 9 米区域将成为今后女子手球比赛中，又一进攻技战术的核心组织区域，因此，怎样提高外围 9 米区域进攻技战术的质量也是当今女子手球队，以及我国女子手球队需要重点解决的问题之一。最后，快速突破数、快速突破进攻指数、突破数、突破进攻指数这 4 项指标，均反映了各球队队员灵活运用脚步动作或结合运球配合等组织战术，是快速超越对手的一项攻击性超强的得分技术，是衡量队员个人进攻的能力的重要指标之一。统计显示，除突破进攻指数外，其他 3 项指标强队与弱队之间具有显著性或非常显著性的差异（$P < 0.05$ 或 < 0.01），说明强队较弱队，在比赛中，更易于成功地突破防守，形成局部区域以多打少的局面，并为直接得分创造良好的机会。笔者认为：快速突破技术的熟练运用，可以增加运动员个人的攻击能力，打乱对方防守布局，提高整个球队的射门成功率与攻击力。

综合以上分析可知，减少对抗中"运—传—接"的失误率、提高助攻次数、适时利用高质量的"封堵"反击技战术以及相对防守比较薄弱的"边路与外围"反击进攻，并且能较好地抓住射门机会等指标，是当今女子手球比赛中，弱队与强队之间进攻能力的主要差距所在，也是我国女子手球队今后需要在进攻技战术训练方面加以重视的地方。

（二）防守方面分析

由表 4.3 表明，聚在第一类的球队有 5 支，其中 2 支球队位于第一等级，3 支球队位于第二等级，失球总数为 1242 个，占所有球队失球总数的 22.22%，每队场均失球数为 24.63 个，这充分说明聚在第一类的球队防守实力超强，他们全部来自欧洲，欧洲典型的打法即是凭借身材高大、厚实等先天优势，在比赛中充分发挥其对抗防守能力强的特点，采用"以内线结合外围防守"的立体型防守战术，干扰对方进攻，从而获取高效率的防守。该类球队的防守阵型，一般采用 6—0 一线防守的和 5—1 二线防守的阵型，即身材高大、防守能力较强的队员居中，前锋队员位于两侧，其活动范围较灵活可以互相补位协防，这点从防边射、外围 9 米区域以及快速突破的失误数据上就可得到验证。第一类球队这 3 项指标的场均失误率分别为 52%、37% 和 68%，低于第二、第三、第四类许多，因此可以说，第一类球队均有很强的防边路、外围 9 米区域以及快速突破的能力，左右卫的协防能力非常强，配合很默契，能迅速组织队员展开防对方的快速突破技战术。此外，断球、封球也是第一类球队防守反击的一大利器所在。如冠军巴西队、亚军塞尔维亚队、德国队、西班牙队等传统强队都属于该类，这些强队的多项防守性指标均名列前茅。

聚在第二类的球队有 7 支，其中 4 支球队位于第一等级，3 支球队位于第二等级，共失球 1670 个，占所有球队失球总数的 30.98%，每队场均失球数为 25.69 个。与第一类球队相比可知，该类球队的平均每队场均失球数少于第一类，说明该类球队也是防守能力非常强的球队，如丹麦、波兰、挪威、法国等传统强队均在该类聚集，这与防守能力强，比赛名次就相对好的总体态势是一致的。

聚在第三类的共有 6 支球队，其中 4 支球队位于第三等级，2 支球队位于第四等级，共失球 1226 个，占所有球队失球总数的 21.21%，每队场均失球数为 27.57 个。第三类的球队的防守能力较第一、第二类相比，具有一定的差距，表明防守能力差是这类球队未取得好成绩的直接原因所在，与此同时也充分体现了防守能力强是取得好成绩与名次的关键。

聚在第四类的共有 6 支球队，其中 2 支球队位于第三等级，4 支球队位于第四等级，共失球 1310 个，占所有球队失球总数的 24.30%，每队场均失球数为 31.19 个。从统计结果上看，该类球队在各项防守性指标上与第一、第二、第三类比较，均具有较大的差距，这也是其成绩比较差的实质性原因所在。

为了进一步明确女子手球队防守能力情况，笔者对 14 项指标进行了单样本的方差分析，其结果如表 4.5 所示。

表 4.5　女子手球队防守能力的方差分析结果一览表

指标数	指标	组间	自由度	组内	自由度	F	P
1	6 米区域防守失误数	14.24	23	7.56	172	1.78	0.021 < 0.05
2	6 米区域防守失误率	0.09	23	0.06	172	1.32	0.220 > 0.05
3	边射区域防守失误数	11.90	23	7.24	172	1.86	0.026 < 0.05
4	边射区域防守失误率	0.05	23	0.05	172	0.87	0.554 > 0.05
5	9 米区域防守失误数	128.34	23	22.20	172	5.40	0.000 < 0.01
6	9 米区域防守失误率	0.03	23	0.12	172	1.27	0.371 > 0.05
7	7 米区域防守失误数	5.69	23	3.45	172	1.97	0.045 < 0.05
8	7 米区域防守失误率	0.09	23	0.89	172	0.81	0.672 > 0.05
9	防快速突破失误数	25.29	23	10.40	172	2.56	0.003 < 0.01
10	防快速突破失误率	0.08	23	0.06	172	1.43	0.356 > 0.05
11	防突破失误数	13.17	23	7.48	172	1.89	0.032 < 0.05
12	防突破失误率	0.32	23	0.29	172	1.56	0.465 > 0.05
13	断球数	6.75	23	6.29	172	1.69	0.006 < 0.01
14	封球数	9.90	23	4.12	172	2.36	0.002 < 0.01

表 4.5 说明，各类球队除了在各指标的失误率上不具有显著性的差异外（$P > 0.05$），其他 8 项指标均具有显著性的差异或非常显著性的差异（$P < 0.05$）"，其中 9 米区域防守失误数、防快速突破失误数以及封球数这 3 项指标具有非常显著性的差异（P 远远小于 0.01），这充分表明本届锦标赛女子手球参赛队伍防守能力的强与弱主要体现在这 7 个方面。

手球比赛是对阵双方相互攻与守的过程。在球队整体进攻能力逐步提高的前提下，手球队员们的个人防守能力以及同步区域防守能力就越来越重要。因此，作为手球比赛中核心的一部分，防守是全队防守战术的基础；提升全队防守水平必须提高队员的个人防守能力，使全队的攻与守不断地促进、不断地转化，从而实现全队整体竞技能力提升的目的。由表 4.5 可知，断球和封球均是在对方"运—传"时，突然截获对方控球权并发动反击快攻的一项积极主动的守中兼攻技术。因为，大胆、果断、准确地采用封球或断球，能有效破坏对方进攻的威胁并为反击快攻创造有利的条件。统计结果显示，强队与弱队之间在封球或断球反击次数方面的差异性非常之显著（P 远远小于 0.01），说明防守性质的封球或断球反击战术已成为了当今女子手球强队防守的一大特点，像巴西、塞尔维亚、丹麦、波兰、挪威、法国等传统强队都大量采用防守性质的封球或断球反击战术来发动进攻，笔者认为当今女子手球强队在越发注重进攻的趋势下，怎样通过适时的、高质量的防守反击战术来发动进攻从而赢得比分，是今后各手球队在防守方面需要重点解决的问题之一。6米区域防守失误数，该指标反映了各球队在球门6米弧顶近区组织防守能力的强弱；边射区域防守失误数，该指标反映了各球队在球门前左右两边近区内组织防守能力的强弱；9米区域防守失误数，该指标反映了各球队对球门区域弧顶远距离组织防守能力的强弱；7米区域防守失误数，该指标反映了各球队在球门7米弧顶区组织防守能力的强弱。以上4项指标经统计显示，强队与弱队具有显著性或非常显著性的差异（$P < 0.05$ 或 0.01），说明弱队较强队更易于在以上各区域内，使进攻方组织进攻并形成射门，但结合各区域防守失误率看，其防守失误率强队与弱队之间不具有差异性（$P > 0.05$），这又侧面反映出无论强队还是弱队，都比较注重6米弧顶近区、球门前左右两边区域、7米区域以及9米远射区域的防守，不会轻易地让对方直接射门而得分。可见，当今世界女子手球各队均非常注重球门四大区域的防守，基本形成了内外兼顾的立体式防守模式。因此，笔者认为：内外兼顾的立体式防守模式将成为今后女子手球比赛中，防守技战术发展主流。最后，防快速突破失误数、防突破失误数这2项指标，均反映了各球队队员们灵活运用脚步和手上动作协调配合组织防守的能力指标，也是衡量队员个人防守能力的重要指标之一。统计显示，强队与弱队具有显著性或非常显著性的差异（$P < 0.05$ 或 0.01），说明强队较弱队，更易于成功防守进攻方的快速超越突破或快速突破射门技战术，但结合失误率可知，强队和弱队在比赛中，都比较注重防守进攻方的快速突破或突破技术。

综合以上分析可知，提高对抗中断球与封球的反击次数、利用高质量的立体防守战术等指标，是当今女子手球比赛中，弱队与强队之间防守能力的主要差距所在，也是我国女子手球队今后需要在防守技战术训练方面加以重视的地方。

第四节　主要观点

（1）聚类结果与比赛名次之间的等级相关分析表明，聚类结果能较为客观地反映出比赛结果，且运用Q型聚类分析方法对当今女子手球24强队的进攻能力的综合评价具有实践与理论相结合的双重意义。

（2）笔者选取反映进攻能力与防守能力的各16项和14项指标能够较为准

确反映出球队的攻守能力情况。其中各队在进攻能力方面的差异主要体现在助攻数、"运—传—接"技术性失误数、封堵数、攻入前场 6 米区域数、攻入边射区域数、边射进攻指数、攻入前场 9 米区域数、9 米进攻指数、7 米进攻指数、快速突破数、快速突破进攻指数、突破数,这 12 项指标;各队在防守能力方面的差异主要体现在 6 米区域防守失误数、边射区域防守失误数、9 米区域防守失误数、7 米区域防守失误数、防快速突破失误数、防快速突破失误率、封球数、断球数,这 8 项指标上。

（3）进攻与防守能力的高低与均衡发展是衡量一支队伍整体竞技能力强弱的关键因素,重进攻轻防守或重防守轻进攻的球队是不能取得好成绩与好名次的。可见,各球队必须要在进攻中,减少对抗中"运—传—接"的失误率,提高助攻次数;适时利用高质量的封堵反击技战术以及相对防守比较薄弱的边路与外围反击进攻,并且能较好地抓住射门机会等,这是当今女子手球比赛中,弱队与强队之间竞技能力优劣的主要差距所在,是今后女子手球比赛中技战术的主要发展趋势。

（4）当今世界女子手球的格局仍然是由欧洲国家主宰,欧洲球队占了半壁江山,而亚洲、非洲、美洲、大洋洲各队虽有资格参加,但排名都靠后。基于此,今后女子手球仍然是欧洲国家称雄争霸的局面,而且欧洲球队已初步形成了进攻与防守并进的态势,即防守技战术中均带有很犀利的攻击阵型与攻击技术,这是值得我国女子手球队借鉴与吸取的。

第五章

世界男子手球竞赛各队进攻进球特征研究

【提要】手球竞赛的最终目的就是获取比赛优胜，然而取胜的现实依据在于球队对控球权的争夺以及适时把握有效射门机会，这是各球队获取胜利的唯一途径。奥运会作为检阅人类竞技水平的最高舞台，各大洲都派出国家顶级手球队参加竞赛，各队在角逐的过程中运用多种战略、战术手段将球射进对方球门并最终取得比赛的胜利，在这一复杂的进球过程中能够较为客观地反映出高水平手球队由进攻到最终进球的普遍规律。基于此，笔者为了揭示这些内在的规律，对比赛各阶段球队射门进球之前的组织进攻技战术情况的运用进行研究，从而深入认识现代手球竞赛中的特征与规律，为我国手球实训、改善进攻能力等方面，提供一些参考依据。

第一节　概　述

一、研究对象

奥运会男子手球 38 场（每场 60 分钟）竞赛的 1983 个进球情况。

二、研究方法

1. 文献资料法

通过中国知网、万方数据库等平台，检索并收集阅读国内、外有关手球比赛进攻进球方面的文献资料 40 篇，确定研究的数据、指标、框架等内容；与此同时，未检索到与本研究雷同的报道。

2. 数理统计法

（1）在国际手球联合会网站获取 2012 年第 30 届奥运会男子手球各场比赛相关指标，而后将原始数据按各代表队分类，并在 Excel 2007 软件上进行汇总。

（2）将统计汇总所得世界 12 强队的进球指标数据录入 SPSS15.0 for Windows 软件上，而后对其汇总的数据进行了单样本 T 检验、卡方检验等处理。

3. 对比分析法

将处理后的数据结果，进行分析—比较—归纳等，以便探讨现代手球竞赛中的特征与规律。

4. 统计指标、概念的说明

（1）球场主要区域划分（见图 5.1）：前场 6 米区域、前场 7 米区域、前场 9 米区域以及边射区域；

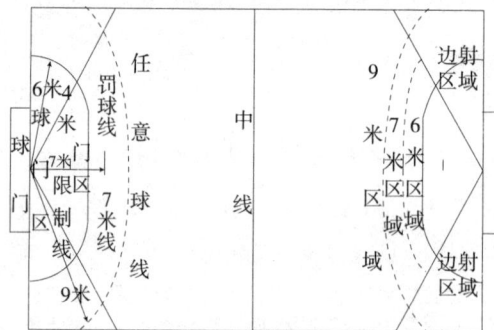

图 5.1 前场球门场区的划分示意图

（2）球门区域划分（见图5.2）：1、2、3区构成球门的上部，4、5、6区构成球门的中部，7、8、9区构成球门的下部。

1 区	2 区	3 区
4 区	5 区	6 区
7 区	8 区	9 区

图 5.2　球门区域的划分示意图

第二节　优秀男子手球队组织进攻射门区域的特征

依据手球运动的理论可知：球队的射门数能够较为客观地反映出该球队的组织进攻能力，射门数越高其获取比赛的胜利的机会就越大，即多方位的进攻射门得分方式与比赛名次有显著性的正相关（$r=0.662$）。基于此，为了探析第30届奥运会男子手球38场比赛中形成的3568次射门与球队比赛成绩的关系等方面，笔者依据数据制得表5.1。

表 5.1　第 30 届奥运会男子手球比赛各队射门区域情况统计一览表

层次	名次	球队	射门总数	6 米区域	边射区域	9 米区域	7 米区域	快速突破	突破
第一梯队（1115）	1	法国	363	69	59	140	23	38	34
	2	瑞典	370	61	62	143	29	49	26
	3	克罗地亚	382	64	70	136	26	60	26
第二梯队（962）	4	匈牙利	382	52	51	193	24	32	30
	5	冰岛	316	38	56	134	16	52	20
	6	丹麦	264	49	56	101	22	17	19
第三梯队（776）	7	西班牙	280	47	49	116	18	32	18
	8	突尼斯	275	47	35	117	20	32	24
	9	塞尔维亚	221	34	28	107	13	20	19

续表

层次	名次	球队	射门总数	6米区域	边射区域	9米区域	7米区域	快速突破	突破
第四梯队 （715）	10	阿根廷	240	29	26	117	19	23	26
	11	韩国	246	27	32	120	23	26	18
	12	英国	229	39	38	102	8	24	18
合计			3568	556	562	1526	241	405	278

由表 5.1 可知，本届奥运会男子手球比赛中，第一梯队、第二梯队、第三梯队以及第四梯队的射门总次数分别为 1115 次、962 次、776 次和 715 次，且经单样本 T 检验具有非常显著性的差异（$P < 0.01$），表明强队的组织进攻能力明显强于弱队，且球队的射门总数与球队取得的比赛成绩呈正比，即射门数越多球队取得的名次就越好。再者，从各个区域形成的射门数来看：各队在 9 米区域组织发动进攻射门次数最多，高达 1526 次，射门贡献率为 42.77%，经检验第一梯队与第二梯队不具有显著性的差异（$P > 0.05$），而与第三、第四梯队具有显著性的差异（$P < 0.05$），表明 9 米区域的技战术水平仍然是取得好成绩与好名次的最主要手段；此外，在 6 米区域、边射区域以及快速突破至 4 米核心区域方面的射门贡献率也到达了 42.69%，仅次于 9 米区域的贡献率，而且第一梯队高于第二、第三、第四梯队并经检验具有显著性或非常显著性的差异（$P < 0.05$ 或 0.01），这充分表明这三个区域的组织进攻能力与球队取得好的比赛成绩有着同样重要的正比例关系；最后，在 7 米区域与突破至球门近区方面，强队与弱队之间没有显著性的差异（$P > 0.05$），其射门贡献率也分别仅为 6.75% 和 7.79%，这说明球队在 7 米区域、突破至球门近区的进攻能力强弱对该球队名次的好坏没有实质性的影响。

综合以上分析：世界男子手球比赛的优胜与球队形成的射门次数的多少呈明显的正比例关系，其中贡献率最大的是 9 米区域的组织进攻能力。

第三节　优秀男子手球队组织进攻进球区域的特征

第 30 届奥运会男子手球 38 场比赛中，共进 1983 个球，每队场均进球数为 26.10 个，与第 29 届北京奥运会的 2294 个进球，每队场均进球 27.31 个相比，略有下降，也是近 3 届奥运会手球赛进球总数最少的一届，且近 3 届奥运会手球比赛总进球数呈逐届下降的趋势。此外，值得注意的是本届奥运会全部30场小组赛中，没有出现一场平局的现象，且分差最高的达到了29个进球数——法国队以44∶15胜英国队，而第28、29届奥运会小组赛中都分别出现了6场与5场的平局，分差最高仅仅是10余个进球数。可见，随着手球运动的发展，世界男子手球队的水平正在逐步地分化，即强队与弱队之间、区域与区域之间的竞技水平差距有着越来越大的发展趋势。基于此，为了进一步说明第30届奥运会男子手球比赛各队射门进球情况，笔者依据数据制得表5.2。

表5.2 第30界奥运会男子手球比赛各队射门进球情况统计一览表

层次	名次	球队	进球总数	6米区域	边射区域	9米区域	7米区域	快速突破	突破
第一梯队	1	法国	229	54	31	69	17	31	27
	2	瑞典	228	43	42	55	24	41	23
	3	克罗地亚	230	40	39	63	19	54	15
第二梯队	4	匈牙利	200	37	28	71	19	22	23
	5	冰岛	200	31	32	68	13	41	15
	6	丹麦	146	30	31	39	20	11	15
第三梯队	7	西班牙	162	34	33	44	13	24	14
	8	突尼斯	144	33	16	41	14	25	15
	9	塞尔维亚	120	27	11	46	8	14	14
第四梯队	10	阿根廷	113	19	13	42	11	15	13
	11	韩国	115	19	17	33	16	19	11
	12	英国	96	23	18	27	6	12	10
合计			1983	390	311	598	180	309	195

由表5.2可知，本届奥运会男子手球比赛中，第一、第二、第三、第四梯队的进球数上依次递减，且经检验显示彼此之间具有显著性或非常显著性的差异（ $P < 0.05$ 或 0.01 ），这又进一步地验证了，随着手球运动的发展，世界男子手球队的水平正在逐步形成两极分化，即强队与弱队之间、优势区域与弱势区域之间的竞技水平的差距有着越来越大的发展趋势，这不利于该项目的发展。再者，由表5.2结合表5.1分析可知，球队射门次数与进球数成正比，即射门次数越多进球数也就越多，球队取得的成绩就越好。这充分说明，各队在比赛中要取得好成绩和名次，就必须在尽可能形成多次射门机会的同时，提高射门的有效率，有效射门率是衡量一支球队整体战术能力强弱以及技术水平高低的标尺，有效射

门率高的球队必将取得比赛的胜利。最后，从各个区域射门进球分析可知，本届奥运会男子手球比赛中，各队在6米区域、边射区域、9米区域以及快速突破至4米核心区域方面，组织发动进攻射门进球数均达到了300以上，经检验显示第一、第二、第三、第四梯队彼此之间具有显著性或非常显著性的差异（$P < 0.05$或0.01），其中最为突出的是9米区域，其进球数高达598个，得分贡献率为30.16%，这说明：①9米区域实施的技战术水平效果与球队的比赛名次与成绩成正比；②以上这些区域的得分贡献率高达80%之多，表明世界男子优秀手球队较以往更加注重防守，进攻非常之小心谨慎，不敢轻易冒险进攻，这点从各区域的数据就可以验证，即各队大部分的组织进攻都是围绕着9米区域的远射为主，尤其突出的是第一梯队（冠、亚、季军）的9米远射的进攻能力超强，他们全部来自欧洲，其打法多采用内线超手射门并结合外围强攻的以快制快的力量—速度型打法而突破对手防线并获取胜利，相比之下，第二、第三、第四梯队的进攻，则更加注重稳中求胜的战略。

第四节　优秀男子手球队组织进攻射门进球时间的特征

为了进一步明确世界优秀男子手球队进球情况，笔者依据比赛的原始统计数据，制得表5.3。

表5.3　第30界奥运会男子手球比赛各时段进球统计一览表

球队	时间区间（分钟）					
	0~10	11~20	21~30	31~40	41~50	51~60
法国	29	41	45	41	40	35
瑞典	36	37	39	40	36	41
克罗地亚	27	36	41	43	44	40
匈牙利	35	27	29	41	30	32
冰岛	29	39	30	34	35	28
丹麦	23	22	26	25	25	26
西班牙	27	27	23	29	23	34
突尼斯	22	21	26	29	23	24
塞尔维亚	22	14	22	21	19	23
阿根廷	16	22	23	18	18	17

续表

球队	时间区间（分钟）					
	0~10	11~20	21~30	31~40	41~50	51~60
韩国	16	19	21	17	19	24
英国	15	20	17	13	13	19
合计	297	325	342	351	325	343

由表 5.3 数据可知，第 30 届奥运会男子手球比赛中，共 1983 个进球。其中，上半场 0~30 分钟进球 964 个，占总进球数的 48.61%，下半场 31~60 分钟进球 1019 个，占总数的 51.39%，显然，下半场进球数略高于上半场。为了进一步分析各队进球时间特征，笔者将全场 60 分钟比赛以 10 分钟为一时间区域进行划分并统计可以看出，从比赛开始到上半场结束的三个时间段的进球数是逐渐攀升的，这符合手球比赛进程以及人体机能调动的规律，其原因在于：①各球队的竞技状态在逐步得到调动；②对手彼此之间的战略布局以及技战术打法等得到逐步认识与熟悉。上半场结束后，各球队经过对上半场的总结后，积极调整己方的战略布局以及技战术的实施手段，在下半场开场前 10 分钟内，出现了前场比赛进球数的最高峰，即该时段进球数多达 351 个，而后又经过彼此的节制与调整，在下半场第二时段（41~50 分钟）的进球数略所回落，但在临近全场比赛结束的 10 分钟内，各队进球数又一次达到高峰，达 343 个，这些都说明：①本届奥运会男子手球比赛上下半场各时间区域进球变化数的特征是逐步攀升的，这与手球运动的特点相一致；②从本届奥运会男子手球各队技战术表现情况来看，上半场各时间段的进球数逐步地攀升，表明本届奥运会男子手球各队的心智战术较为成熟与健全，尤其是第一梯队的球队善于把握比赛的进程，多以攻中带守，守中有攻的技战术打法为主，而不是片面追求进攻以及进球数。下半场各时间段的进球数波动较上半场变化大，有很明显的高低起伏，进一步说明：随着比赛的发展进程，各球队彼此间都逐渐熟悉了各自对手的技战术打法以及自身体能的下降等情况，都想把握住反击的有效机会，破门进球得分，从而进一步巩固战果。

第五节 优秀男子手球队组织进攻射门进球方式的特征

表 5.4 第 30 界奥运会男子手球比赛进球方式统计一览表

球队	6 米区域		边射区域		9 米区域		7 米区域		快速突破		突破	
	G	%	G	%	G	%	G	%	G	%	G	%
法国	54	23.58	31	13.54	69	30.13	17	7.42	31	13.54	27	11.79
瑞典	43	18.86	42	18.42	55	24.12	24	10.53	41	17.98	23	10.09
克罗地亚	40	17.39	39	16.96	63	27.39	19	8.26	54	23.48	15	6.52
匈牙利	37	18.50	28	14.00	71	35.50	19	9.50	22	11.00	23	11.50
冰岛	31	15.50	32	16.00	68	34.00	13	6.50	41	20.50	15	7.50
丹麦	30	20.55	31	21.23	39	26.71	20	13.71	11	7.53	15	10.27
西班牙	34	20.99	33	20.37	44	27.16	13	8.03	24	14.81	14	8.64
突尼斯	33	22.92	16	11.11	41	28.47	14	9.72	25	17.36	15	10.42
塞尔维亚	27	22.50	11	9.17	46	38.33	8	6.66	14	11.67	14	11.67
阿根廷	19	16.81	13	11.50	42	37.17	11	9.75	15	13.27	13	11.50
韩国	19	16.52	17	14.78	33	28.70	16	13.91	19	16.52	11	9.57
英国	23	23.96	18	18.75	27	28.13	6	6.24	12	12.50	10	10.42
合计	390	19.67	311	15.68	598	30.16	180	9.08	309	15.58	195	9.83

由表 5.4 显示，本届奥运会男子手球比赛的 1983 个进球中，6 米、9 米、边射区域以及快速突破至 4 米核心区域的射门进球数高达 1608 个球，占总进球数的 80% 之多，可见，6 米、9 米、边射区域以及快速突破至 4 米核心区域射门进球仍是主要的得分方式；其中，9 米区域进球率为 30.16%，居于各进球方式之首，其次是 6 米区域、边射区域和快速突破的射门进球数也显示了较高的进球率。这些表明：本届奥运会男子手球比赛各队的外围 9 米区域远射意识较强，形成了球门近区与外围强攻的立体化技战术进攻模式，只要防守方后卫出现防守失误，就会被进攻方抓住机会而直接投球破门而得分。此外，从比赛场上的情况来看，有许多进球是运动员利用假动作或隐蔽性极强的射门手法而导致防守方队员与守门员协调防守失利造成的，这又进一步验证了本届奥运会男子手球比赛各队球员的心智较为稳健，即射门前表现出的"运—突"能力较强，射门动作娴熟，幅度变化较大，隐蔽性较好的高超技术。

第六节　优秀男子手球队射球进门区域的特征

笔者依据各球队射球进门的数据以及结合图 5.2，制得表 5.5。

表 5.5　第 30 届奥运会男子手球比赛射球进门区域分布统计一览表

球队	1 区	2 区	3 区	4 区	5 区	6 区	7 区	8 区	9 区
法国	20	12	47	3	1	12	67	18	49
瑞典	31	8	30	15	1	18	44	19	62
克罗地亚	26	13	29	16	1	11	59	27	48
匈牙利	38	11	30	24	0	17	30	15	34
冰岛	18	14	31	11	1	20	39	24	42
丹麦	19	8	27	13	0	6	33	13	27
西班牙	25	4	21	18	1	15	36	4	38
突尼斯	26	7	21	15	2	11	25	11	26
塞尔维亚	17	2	20	13	0	16	15	13	24
阿根廷	19	4	27	13	1	9	14	8	18
韩国	17	7	25	3	0	4	29	7	23
英国	15	4	22	10	0	6	19	4	17
合计	271	94	330	154	8	145	410	163	408

由表 5.5 可知，笔者主要从各球队变换射球进门的区域来分析，先假设球队射球进门的区域分布数据 N=1983 个样本（X_0）是均匀的，进行卡方检验（Chi-square test），看其是否存在一定的规律，经检验，结果如表 5.6 所示。

表 5.6　卡方检验结果分析表

Chi–square（a）	11.38
df	129
Asymp.Sig	0.000

由表 5.6 可知：X^2=11.38，渐进方法概率 P 值远远小于显著性水平 0.01，故拒绝原假设 X_0，表明各球队射球进门的区域选择是极不均匀的，也说明世界男子手球强队射球进门的区域选择具有一定的规律性与倾向性。因此，笔者为了进

一步明确其规律性与倾向性，对其总体情况进行了深入的分析，从而探讨 2012 年伦敦奥运会男子手球队选择射球进门的策略。

结合表 5.5 与表 5.6 可知，本届奥运会男子手球比赛 1983 个进球数中，选择球门区下部 7、8、9 号区域进球数最高，其个数高达 981 个，占总进球数的 49.47%，其中球门左下 7 号区、右下 9 号区的进球数最多，分别为 410 个和 408 个，表明本届奥运会男子手球各队进攻射门大多采用高手低射或低手低射的破门技术，而且射门角度刁钻。笔者分析其原因有二：一是守门员一般由身材高大、四肢较长、覆盖面较广的人充当，然而这必然导致守门员的上肢较下肢的灵活度好，故下肢成为了防守薄弱的主要环节，因此，各队都习惯选择球门左下 7 区、右下 9 区为主要射门区域。球门横梁下方 1、2、3 号区域的进球数位居第二，其进球数也高达 695 个，占进球总数的 35.05%，其中球门左上 1 号区、右上 3 号区的进球数较多，分别为 271 个与 330 个，表明本届奥运会男子手球比赛各队射门技术水平高超，射门手法精湛、巧妙，不仅会运用高手低射或低手低射的破门技术，而且还能灵活配合运用超手高射、低手高射的破门技术。球门正中 5 号区，是进球数最少的区域，进球数仅为 8 个，比例仅为 0.4%，其原因在于，该区域为守门员原始站立位。基于以上可见，球门区上部 1、3 号区域和下部 7、9 号区域四个角为进攻运动员射门的主要区域，这四个区域是守门员难以阻挡进攻方进攻射门进球的死角区域。此外，值得注意的是各队多数球员都习惯采用右手射门，故较易将球射入球门的 3、6、9 号区域，从而导致球门右侧进球数高于左侧，这能为守门员防进攻方射门时，提供预测扑救的理论参数，尤其是罚定位球时，守门员只要了解罚球队员射门的用手习惯，就能敏捷迅速地扑挡飞来的球。

第七节　优秀男子手球队进球运动员的位置特征

世界男子手球比赛中不同运动员的位置情况与球队的进球得分数是否存在一定的关系？为了解决这一问题，笔者对第 30 届奥运会的男子手球队进球运动员的位置特征进行了深入的分析与探讨，由原始数据制得表 5.7。

表 5.7　第 30 届奥运会男子手球比赛进球运动员位置特征统计一览表

层次	名次	队别	进球数	左边锋	右边锋	底线	左卫	右卫	中卫	均值
第一梯队	1	法国	229	40	39	29	60**	31	30	38.17
	2	瑞典	228	62**	61**	26*	26*	28*	25*	38.00
	3	克罗地亚	230	30	69**	23*	50*	18**	40	38.33
第二梯队	4	匈牙利	200	41	29	19*	8**	50*	53**	33.33
	5	冰岛	200	0	36	20*	72**	24	48*	33.33
	6	丹麦	146	36*	19	24	39*	14*	14*	24.33
第三梯队	7	西班牙	162	25	36	30	10*	24	37*	27.00
	8	突尼斯	144	19	22	18	23	30	32	24.00
	9	塞尔维亚	120	0	24	14	66**	0	16	20.00
第四梯队	10	阿根廷	113	13	21	9	32*	17	21	18.83
	11	韩国	115	16	12	18	6	28	35*	19.17
	12	英国	96	14	8	29*	5	35*	6	16.00
合计			1983	296	375	259	397	299	357	330.5

由表 5.7 可知：

（1）从整体上看，本届奥运会男子手球比赛的 1983 个进球中，主要是依赖于左、中、右卫的进球，其值高达 1053 个，占总进球数的 53.10%；其次，是左、右边锋的进球数为 671 个；最后，是底线的进球数，仅为 259 个。这些数据说明，本届奥运会男子手球比赛主要得分的主力军是左、中、右卫运动员，即球队中左、中、右卫运动员的个人能力以及协同配合能力的强弱与该球队最终成绩与名次有着直接的正比例关系。

（2）从各球队不同进球运动员位置的进球数上看，由冠、亚、季军组成的第一梯队的运动员的个人能力和综合素质两方面都较第二、第三、第四梯队强，且各队经单样本 T 检验（Test Value 为各队不同位置进球总数的均值）显示了不同程度的差异性（$P < 0.05$ 或 0.01）。例如：冠军法国队的差异性指标最少，除左卫具有显著性差异外（$P < 0.01$），其他各指标均在均值上下波动，而且不具有显著性的差异；相比之下，其他各队都存在多个指标的显著性差异（$P < 0.05$ 或 0.01），而且多个指标大部分处于均值之下，这点尤其突出的是第三、第四梯队的各球队。这些充分说明，第一梯队较其他三个梯队不同位置运动员的个人能力以及协同得分能力强，而且进攻手段多样化，进球得分点多，得分覆盖面广，尤其突出的是冠军法国队。

综合以上分析可知：球队进攻能力的强弱、名次的好坏等并不是由某一个或某两个核心得分手的能力决定的，而是由所有运动员的组织配合能力决定的，这点与上届奥运会男子手球比赛的情况相反，可见，世界男子手球运动比赛正由"围绕核心得分手组织实施进攻技战术"转变为"不同位置运动员协同配合实施进攻技战术"，这是对以往各球队单一打法的一次变革。

第八节　优秀男子手球队"运—传—射"进球特征

"运—传—射"技术作为手球运动中主要的技战术组成部分之一，它可以达到声东击西，不断地打乱对方的防御部署，形成与同伴协调配合并最终完成射门得分的目的。有研究显示，"运—传—射"技术成功率的高低与球队进攻能力的强弱有着重要的关系。基于此，笔者对第 30 届奥运会男子手球比赛的"运—传—射"技战术情况进行统计分析，统计结果如下表 5.8。

表 5.8　第 30 届奥运会男子手球比赛各队"运—传—射"进球特征统计一览表

层次	名次	队别	进球数	"运—传—射"次数						
				0	1	2	3	4	5	6以上
第一梯队	1	法国	229	20	64	64	45	18	10	8
	2	瑞典	228	21	55	57	47	23	15	10
	3	克罗地亚	230	27	58	61	45	18	14	7
第二梯队	4	匈牙利	200	18	54	47	36	15	19	11
	5	冰岛	200	23	52	51	32	15	14	13
	6	丹麦	146	16	35	39	26	10	11	9
第三梯队	7	西班牙	162	12	28	48	29	16	14	15
	8	突尼斯	144	15	27	40	24	15	12	11
	9	塞尔维亚	120	14	28	35	15	12	8	8
第四梯队	10	阿根廷	113	15	30	21	20	10	9	8
	11	韩国	115	19	28	19	17	11	16	5
	12	英国	96	12	24	23	18	10	6	3
合计			1983	212	483	505	354	173	148	108
比例				10.69%	24.36%	25.47%	17.85%	8.72%	7.46%	5.45%

由表 5.8 可知：

（1）从整体上看，本届奥运会男子手球比赛所进的 1983 个球中，队员与队员之间经 2 次"运—传"而射门进球得分的概率最高，其次为 1 次"运—传"射门进球率，再次为 3 次和 0 次"运—传"射门进球率，然而经过 4 次及以上的"运—传"球后的射门进球成功率呈显著下降趋势。这种现象在第一梯队和第二梯队中较为明显，而第三、第四梯队虽有下降但其幅度不明显，这表明：一支球队要想取得好的成绩就必须在战术上体现"以快制静，以变制动"态势，而且这也预示着当今世界优秀男子手球队的技战术打法正向着"快、变"的趋势发展。

（2）从各个细节上看，首先，经过 2 次"运—传"的破门概率最大，其比例高达 25.47%，且经检验强队与弱队之间均具有显著性或非常显著性的差异（$P < 0.05$ 或 0.01），这是因为经过队员之间的 2 次"运—传"后，能更有效地、出其不意地调动防守方的队员，从而暴露出防守的漏洞。再者，2 次"运—传"破门概率高还在于经队员快速突破至球门近区，而后回传至外围 9 米区域再传至边射区域进行射门而得分。其次，破门概率排名第二的是 1 次"运—传"，其比例也达到了 24.36%，结合视频可知，其破门率高的原因在于当进攻方进攻失利或中途被断球、封球时，防守方能够很快地抓住机会，通过 2 名运动员的 1 次"运—传"进行快速反击而破门得分。这种 1 次"运—传"的快速反击能力在强队中尤为犀利，且经检验强队与弱队之间具有显著性的差异（$P < 0.05$ 或 0.01）。再次，破门概率排名第三的是 3 次"运—传"，其比例为 17.85%，破门率较高，其主要应用于"攻—守"双方阵地阵型的对势中，视频显示其主要技战术破门是围绕 6 米与边射区域的"运—传—射"为主。此外，0 次"运—传"在比赛中，主要是防守方运动员个人通过封堵、抢断等获得控球后，迅速持球反扑进攻方球门前阵地并利用各种技术骗过守门员而射门进球得分，这种守株待兔等着彼方失误而破门得分的概率不是很高，仅为 10.96%。由此可见，当今优秀男子手球比赛中，运动员之间的"运—传"球配合是主要的破门得分手段，但是"运—传"次数不宜超过 3 次，这点从表5.8的数据中就可得到验证，因为，超过 3 次的"运—传"配合不仅不能干扰防守方的全面防守，而且会增加防守方把握有效反击的概率。

综合以上分析，当今世界优秀男子手球比赛中，进攻方运动员之间"运—传"配合次数的多少与该队破门进球机会的多少呈反比例关系，其进球前的"运—传"配合次数最佳为 1 至 3 次。

第九节　结论与展望

一、结论

1. 从球队组织进攻射门区域的特征方面看：世界男子手球比赛的优胜与球队不同区域形成的射门次数的多少呈明显的正比例关系，其中贡献率从大到小依次为 9 米区域、边射区域、6 米区域以及快速突破至 4 米核心区域的组织进攻能力。

2. 从球队组织进攻进球区域的特征方面看：球队射门数与进球数成正比，即射门数越多进球数也就越多，球队取得的成绩就越好，其中得分贡献率最大的是 9 米区域，而后依次为 6 米区域、边射区域以及快速突破至 4 米核心区域，即这些区域的有效射门率高的球队必将取得比赛的胜利。

3. 从球队组织进攻射门进球时间的特征方面看：上半场进球数明显低于下半场；上半场各时间段进球数逐步攀升，而下半场进球数略有波动；上半场结束前10 分钟至下半场开场前 10 分钟是比赛进球数的最高峰。

4. 从球队组织进攻射门进球方式的特征方面看：6 米、9 米、边射区域以及快速突破至 4 米核心区域射门进球仍是主要的得分方式；其中，9 米区域进球率为 30.16%，居于各进球方式之首。

5. 从射球进门区域的特征方面看：世界男子手球强队射球进门的区域选择具有一定的规律性与倾向性，即进球数主要集中在球门左下 7 号区、右下 9 号区、左上 1 号区、右上 3 号区这 4 个守门员难以防守的死角。再者，各队多数球员都习惯采用右手射门，从而导致球门右侧进球数高于左侧，这能为守门员防进攻方射门时，提供预测扑救的理论参数。

6. 从球队进球运动员的位置特征方面看：球队进攻能力的强弱、名次的好坏等并不是由某一个或某两个核心得分手的能力决定的，而是由所有运动员的组织配合能力决定的，这点与上届奥运会男子手球比赛的情况相反。

7. 从球队"运—传—射"进球特征方面看：当今世界优秀男子手球比赛中，进攻方运动员之间"运—传"配合次数的多少与该队破门进球机会的多少呈反比例关系，其进球前的"运—传"配合次数最佳为 1 至 3 次。

二、展望

1. 随着手球运动的发展，世界男子手球队的水平正在逐步形成两极分化，即强队与弱队之间、优势区域与弱势区域之间的竞技水平的差距有着越来越大的发展趋势，这不利于该项目的发展。

2. 世界男子手球运动比赛正由"围绕核心得分手组织实施进攻技战术"转变为"不同位置运动员协同配合实施进攻技战术"，这将改变以往各球队打法单一的局面。

3. 中国男子手球队在日后训练的过程中，应该加强9米区域、边射区域、6米区域以及快速突破至4米核心区域的组织进攻能力，提高这4个区域的有效得分率；此外，在射球进门区域选择上以球门4个死角为射门训练目标；最后，在"运—传—射"配合训练上，主要以快攻协同战术训练为主，即最好安排1至3次"运—传"射门的技战术训练。

第六章

世界女子手球竞赛各队进攻进球特征研究

【提要】手球竞赛的最终目的就是获取比赛优胜，然而取胜的现实依据在于球队对控球权的争夺以及适时把握有效射门机会，这是各球队获取胜利的唯一途径。奥运会作为检阅人类竞技水平的最高舞台，各大洲都派出国家顶级手球队参加竞赛，各队在角逐的过程中运用多种战略、战术手段将球射进对方球门并最终取得比赛的胜利，在这一复杂的进球过程中能够较为客观地反映出高水平手球队由进攻到最终进球的普遍规律。基于此，笔者为了揭示这些内在的规律，对比赛各阶段球队的射门进球之前的组织进攻技战术情况的运用进行研究，从而深入认识现代手球竞赛中的特征与规律，为我国手球实训、改善进攻能力等方面，提供一些参考依据。

第一节　概述

一、研究对象

奥运会女子手球 38 场（每场 60 分钟）竞赛的 1910 个进球情况。

二、研究方法

1. 文献资料法

通过中国知网、万方数据库等平台，检索并收集阅读国内、外有关手球比赛进攻进球方面的文献资料 40 篇，确定研究的数据、指标、框架等内容；与此同时，未检索到与本研究雷同的报道。

2. 数理统计法

（1）在国际手球联合会网站获取 2012 年第 30 届奥运会女子手球各场比赛相关指标，而后将原始数据按各代表队分类，并在 Excel 2007 软件上进行汇总。

（2）将统计汇总所得世界 12 强队的进球指标数据录入 SPSS15.0 for Windows 软件上，而后对其汇总的数据进行了单样本 T 检验、卡方检验等处理。

3. 对比分析法

将处理后的数据结果，进行分析—比较—归纳等，以便探讨现代手球竞赛中的特征与规律。

4. 统计指标、概念的说明

（1）球场主要区域划分（见图 6.1）：前场 6 米区域、前场 7 米区域、前场 9 米区域以及边射区域；

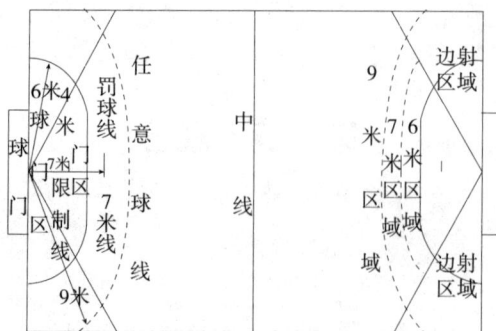

图 6.1　前场球门场区的划分示意图

（2）球门区域划分（见图6.2）：1、2、3区构成球门的上部，4、5、6区构成球门的中部，7、8、9区构成球门的下部。

1 区	2 区	3 区
4 区	5 区	6 区
7 区	8 区	9 区

图 6.2　球门区域的划分示意图

第二节　优秀女子手球队组织进攻射门区域的特征

依据手球运动的理论可知：球队的射门数能够较为客观地反映出该球队的组织进攻能力，射门数越高其获取比赛的胜利的机会就越大，即多方位的进攻射门得分方式与比赛名次有显著性的正相关（$r=0.662$）。基于此，为了探析第30届奥运会女子手球38场比赛中形成的3498次射门与球队比赛成绩的关系等方面，笔者依据数据制得表6.1。

表 6.1　第 30 届奥运会女子手球比赛各队射门区域情况统计一览表

层次	名次	球队	射门总数	6 米区域	边射区域	9 米区域	7 米区域	快速突破	突破
第一梯队（1104）	1	挪威	398	45	51	176	47	37	42
	2	黑山	358	55	71	125	32	40	35
	3	西班牙	348	75	46	104	43	25	55
第二梯队（936）	4	韩国	380	45	51	158	47	37	42
	5	法国	285	51	26	128	12	47	21
	6	巴西	271	27	55	129	19	22	19
第三梯队（790）	7	克罗地亚	262	48	38	83	23	34	36
	8	俄罗斯	293	23	45	117	26	48	34
	9	丹麦	235	23	31	119	21	28	13

续表

层次	名次	球队	射门总数	6米区域	边射区域	9米区域	7米区域	快速突破	突破
第四梯队（668）	10	安哥拉	235	26	30	120	24	16	19
	11	瑞典	229	33	45	99	16	15	21
	12	英国	204	27	35	79	20	20	23
合计			3498	478	524	1437	330	369	360

由表 6.1 可知，本届奥运会女子手球比赛中，第一梯队、第二梯队、第三梯队以及第四梯队的射门总次数分别为 1104 次、936 次、790 次和 668 次，且经单样本 T 检验具有非常显著性的差异（$P < 0.01$），表明强队的组织进攻能力明显强于弱队，且球队的射门总数与球队取得的比赛成绩呈正比，即射门数越多球队取得的名次就越好。再者，从各个区域形成的射门数来看：各队在 9 米区域组织发动进攻射门次数最多，高达 1437 次，射门贡献率为 41.08%，经检验第一梯队与第二梯队不具有显著性的差异（$P > 0.05$），而与第三、第四梯队具有显著性的差异（$P < 0.05$），表明 9 米区域的技战术水平仍然是取得好成绩与好名次的最主要手段；此外，在 6 米区域、边射区域以及快速突破至 4 米核心区域方面的射门贡献率也到达了 39.19%，仅次于 9 米区域的贡献率，而且第一梯队高于第二、第三、第四梯队并经检验具有显著性或非常显著性的差异（$P < 0.05$ 或 0.01），这充分表明这三个区域的组织进攻能力与球队取得好的比赛成绩呈同样重要的正比例关系；最后，在 7 米区域与突破至球门近区方面，强队与弱队之间没有显著性的差异（$P > 0.05$），其射门贡献率也分别仅为 9.43% 和 10.29%，这说明球队在 7 米区域、突破至球门近区的进攻能力强弱对该球队名次的好坏没有实质性的影响。

综合以上分析：世界女子手球比赛的优胜与球队形成的射门次数的多少呈明显的正比例关系，其中贡献率最大的是 9 米区域的组织进攻能力。

第三节　优秀女子手球队组织进攻进球区域的特征

第 30 届奥运会女子手球 38 场比赛中，共进 1910 个球，每队场均进球数为 25.13 个，与第 29 届北京奥运会的 2294 个进球每队场均进球 30.18 个相比，略有下降，也是近3届奥运会手球赛进球总数最少的一届，且近3届奥运会手球比赛总进球数呈逐届下降的趋势。此外，值得注意的是本届奥运会全部38场小组赛中，与男子比赛一样，没有出现平局的现象；相比之下，第28届与第29届奥运会小组赛中都分别出现了7场与4场的平局，分差最高仅仅是10余个进球数。可见，随着手球运动的发展，世界女子手球队的水平正在逐步地分化，即强队与弱队之间、区域与区域之间的竞技水平差距有着越来越大的发展趋势。基于此，为了进一步说明第30届奥运会女子手球比赛各队射门进球情况，笔者依据数据制得表6.2。

表 6.2　第 30 界奥运会女子手球比赛各队射门进球情况统计一览表

层次	名次	球队	进球总数	6米区域	边射区域	9米区域	7米区域	快速突破	突破
第一梯队	1	挪威	196	40	32	66	14	30	14
	2	黑山	210	41	44	47	27	29	22
	3	西班牙	201	51	26	34	29	17	44
第二梯队	4	韩国	215	30	28	69	30	26	32
	5	法国	147	35	12	41	8	37	14
	6	巴西	156	23	32	50	15	21	15
第三梯队	7	克罗地亚	167	34	22	39	16	29	27
	8	俄罗斯	174	18	21	44	21	40	30
	9	丹麦	113	19	15	40	15	16	8
第四梯队	10	安哥拉	132	13	21	53	18	14	13
	11	瑞典	108	24	22	24	11	12	15
	12	英国	91	21	14	16	14	14	12
合计			1910	349	289	523	218	285	246

由表6.2可知，本届奥运会女子手球比赛中，第一、第二、第三、第四梯队的进球数上依次递减，且经检验显示彼此之间具有显著性或非常显著性的差异（$P < 0.05$ 或 0.01），这又进一步地验证了，随着手球运动的发展，世界女子手球队的水平正在逐步形成两极分化，即强队与弱队之间、优势区域与弱势区域之间的竞技水平的差距有着越来越大的发展趋势，这不利于该项目的发展。再者，由表6.2结合表6.1分析可知，球队射门次数与进球数成正比，即射门次数越多进球数也就越多，球队取得的成绩就越好。这充分说明各队在比赛中要取得好成

绩和名次，就必须在尽可能形成多次射门机会的同时，提高射门的有效率，有效射门率是衡量一支球队整体战术能力强弱以及技术水平高低的标尺，有效射门率高的球队必将取得比赛的胜利。最后，从各个区域射门进球分析可知，本届奥运会女子手球比赛中，各队在 6 米区域、边射区域、9 米区域以及快速突破至 4 米核心区域方面，组织发动进攻射门进球数均达到了 280 个以上，经检验显示第一、第二、第三、第四梯队彼此之间具有显著性或非常显著性的差异（$P < 0.05$ 或 0.01），其中最为突出的是 9 米区域，其进球数高达 523 个，得分贡献率为 27.38%，这说明：①9 米区域实施的技战术水平效果与球队的比赛名次与成绩成正比；②以上这些区域的得分贡献率高达 80% 之多，表明世界女子优秀手球队较以往更加注重防守，进攻非常之小心谨慎，不敢轻易冒险进攻，这点从各区域的数据就可以验证，即各队大部分的组织进攻都是围绕着 9 米区域的远射为主，尤其突出的是第一梯队（冠、亚、季军）的 9 米远射的进攻能力超强，他们全部来自欧洲，其打法多采用内线超手射门并结合外围强攻的以快制快的力量—速度型打法而突破对手防线并获取胜利，相比之下，第二、第三、第四梯队的进攻，则更加注重稳中求胜的战略。

第四节　优秀女子手球队组织进攻射门进球时间的特征

为了进一步明确世界优秀女子手球队进球情况，笔者依据比赛的原始统计数据，制得表 6.3。

表 6.3　第 30 届奥运会女子手球比赛各时段进球统计一览表

球队	时间区间（分钟）					
	0~10	11~20	21~30	31~40	41~50	51~60
挪威	24	35	40	35	35	27
黑山	33	34	36	37	33	37
西班牙	23	32	35	37	38	36
韩国	38	30	36	43	33	39
法国	28	22	29	27	21	20
巴西	25	23	28	26	27	27
克罗地亚	28	26	26	30	24	33

球队	时间区间（分钟）					
	0~10	11~20	21~30	31~40	41~50	51~60
俄罗斯	26	25	30	38	27	28
丹麦	21	13	21	20	18	20
安哥拉	19	25	30	21	21	16
瑞典	15	18	20	16	18	21
英国	14	19	16	13	13	16
合计	290	302	347	343	308	320

由表6.3数据可知，第30届奥运会女子手球比赛中，共1910个进球。其中，上半场0~30分钟进球939个，占总进球数的49.16%，下半场31~60分钟进球971个，占总数的50.84%，显然，下半场进球数略高于上半场。为了进一步分析各队进球时间特征，笔者将全场60分钟比赛以10分钟为一时间区域进行划分并统计可以看出，从比赛开始到上半场结束的三个时间段的进球数是逐渐攀升的，这符合手球比赛进程以及人体机能调动的规律，其原因在于：①各球队的竞技状态在逐步得到调动；②对手彼此之间的战略布局以及技战术打法等得到逐步认识与熟悉。上半场结束后，各球队经过对上半场的总结后，积极调整己方的战略布局以及技战术的实施手段，在下半场开场前10分钟内，出现了前场比赛进球数的最高峰，即该时段进球数多达343个，而后又经过彼此的节制与调整，在下半场第二时段（41~50分钟）的进球数略有回落，但在临近全场比赛结束的10分钟内，各队进球数又一次达到高峰，达320个，这些都说明：①本届奥运会女子手球比赛上下半场各时间区域进球变化数的特征是逐步攀升的，这与手球运动的特点相一致；②从本届奥运会女子手球各队技战术表现情况来看，上半场各时间段的进球数逐步地攀升，表明本届奥运会女子手球各队的心智战术较为成熟与健全，尤其是第一梯队的球队善于把握比赛的进程，多以攻中带守，守中有攻的技战术打法为主，而不是片面追求进攻以及进球数。下半场各时间段的进球数波动较上半场变化大，有很明显的高低起伏，进一步说明：随着比赛的发展进程，各球队彼此间都逐渐熟悉了各自对手的技战术打法以及自身体能的下降等情况，都想把握住反击的有效机会，破门进球得分，从而进一步巩固战果。

第五节　优秀女子手球队组织进攻射门进球方式的特征

表 6.4　第 30 届奥运会女子手球比赛进球方式统计一览表

球队	6 米区域		边射区域		9 米区域		7 米区域		快速突破		突破	
	G	%	G	%	G	%	G	%	G	%	G	%
挪威	40	11.46	32	11.07	66	12.62	14	6.42	30	11.53	14	5.69
黑山	41	11.75	44	15.22	47	8.99	27	12.39	29	10.18	22	8.94
西班牙	51	14.61	26	9.00	34	6.50	29	13.30	17	5.96	44	17.89
韩国	30	8.60	28	9.69	69	13.19	30	13.76	26	9.12	32	13.01
法国	35	10.03	12	4.15	41	7.84	8	3.67	37	12.98	14	5.69
巴西	23	6.59	32	11.07	50	9.56	15	6.88	21	7.37	15	6.10
克罗地亚	34	9.74	22	7.61	39	7.46	16	7.34	29	10.18	27	10.98
俄罗斯	18	5.16	21	7.27	44	8.41	21	9.63	40	14.04	30	12.20
丹麦	19	5.44	15	5.19	40	7.65	15	6.88	16	5.61	8	3.25
安哥拉	13	3.72	21	7.27	53	10.13	18	8.26	14	4.91	13	5.28
瑞典	24	6.88	22	7.61	24	4.59	11	5.05	12	4.21	15	6.10
英国	21	6.02	14	4.84	16	3.06	14	6.42	14	4.91	12	4.88
合计	349	18.27	289	15.13	523	27.38	218	11.41	285	14.92	246	12.88

　　由表 6.4 显示，本届奥运会女子手球比赛的 1910 个进球中，6 米、9 米、边射区域以及快速突破至 4 米核心区域的射门进球数高达 1446 个球，占总进球数的 75% 之多，可见，6 米、9 米、边射区域以及快速突破至 4 米核心区域射门进球仍是主要的得分方式；其中，9 米区域进球率为 27.38%，居于各进球方式之首，其次是 6 米区域、边射区域和快速突破的射门进球数也显示了较高的进球率。这些表明：本届奥运会女子手球比赛各队的外围 9 米区域远射意识较强，形成了球门近区与外围强攻的立体化技战术进攻模式，只要防守方后卫出现防守失误，就会被进攻方抓住机会而直接投球破门而得分。此外，从比赛场上的情况来看，有许多进球是运动员利用假动作或隐蔽性极强的射门手法而导致防守方队员与守门员协调防守失利造成的，这又进一步验证了本届奥运会女子手球比赛各队球员的心智较为稳健，即射门前表现出的"运—突"能力较强，射门动作娴熟，幅度变化较大，隐蔽性较好的高超技术。

第六节　优秀女子手球队射球进门区域的特征

笔者依据各球队射球进门的数据以及结合图 6.2，制得表 6.5。

表 6.5　第 30 届奥运会女子手球比赛射球进门区域分布统计一览表

球队	1 区	2 区	3 区	4 区	5 区	6 区	7 区	8 区	9 区
挪威	19	12	35	3	1	12	55	17	42
黑山	30	8	29	14	1	17	42	18	51
西班牙	25	13	28	15	1	11	47	20	41
韩国	37	11	36	23	0	16	37	15	40
法国	17	13	21	11	1	19	22	23	20
巴西	18	12	26	13	0	16	32	13	26
克罗地亚	24	4	28	17	1	17	35	4	37
俄罗斯	25	7	30	14	7	21	24	11	35
丹麦	16	2	19	13	0	15	14	13	21
安哥拉	18	4	26	13	1	9	23	11	27
瑞典	16	7	24	3	0	4	25	7	22
英国	14	4	21	10	0	6	16	4	16
合计	259	97	323	149	13	163	372	156	378

由表 6.5 可知，笔者主要从各球队变换射球进门的区域来分析，先假设球队射球进门的区域分布数据 $N=1910$ 个样本（X_0）是均匀的，进行卡方检验（Chi-square test），看其是否存在一定的规律，经检验，结果如表 6.6 所示。

表 6.6　卡方检验结果分析表

Chi-square（a）	11.38
df	129
Asymp.Sig	0.000

由表 6.6 可知：$X^2=12.51$，渐进方法概率 P 值远远小于显著性水平 0.01，故拒绝原假设 X_0，表明各球队射球进门的区域选择是极不均匀的，也说明世界女子手球强队射球进门的区域选择具有一定的规律性与倾向性。因此，笔者为了进

一步明确其规律性与倾向性，对其总体情况进行了深入的分析，从而探讨 2012 年伦敦奥运会女子手球队选择射球进门的策略。

结合表 6.5 与表 6.6 可知，本届奥运会女子手球比赛 1910 个进球数中，选择球门区下部 7、8、9 号区域进球数最高，其个数高达 906 个，占总进球数的 47% 之多，其中球门左下 7 号区、右下 9 号区的进球数最多，分别为 372 个和 378 个，表明本届奥运会女子手球各队进攻射门大多采用高手低射或低手低射的破门技术，而且射门角度刁钻。笔者分析其原因有二：一是守门员一般由身材高大、四肢较长、覆盖面较广的人充当，然而这必然导致守门员的上肢较下肢的灵活度好，故下肢成了防守薄弱的主要环节，因此，各队都习惯选择球门左下 7 区、右下 9 区为主要射门区域。球门横梁下方 1、2、3 号区域的进球数位居第二，其进球数也高达 679 个，占进球总数的 35% 之多，其中球门左上 1 号区、右上 3 号区的进球数较多，分别为 259 个与 323 个，表明本届奥运会女子手球比赛各队射门技术水平高超，射门手法精湛、巧妙，不仅会运用高手低射或低手低射的破门技术，而且还能灵活配合运用超手高射、低手高射的破门技术。球门正中 5 号区，是进球数最少的区域，进球数仅为 13 个，比例不足 1%，其原因在于，该区域为守门员原始站立位。基于以上可见，球门区上部 1、3 号区域和下部 7、9 号区域四个角为进攻运动员射门的主要区域，这四个区域是守门员难以阻挡进攻方进攻射门进球的死角区域。此外，值得注意的是各队多数球员都习惯采用右手射门，故较易将球射入球门的 3、6、9 号区域，从而导致球门右侧进球数高于左侧，这能为守门员防进攻方射门时，提供预测扑救的理论参数，尤其是罚定位球时，守门员只要了解罚球队员射门的用手习惯，就能敏捷迅速地扑挡飞来的球。

第七节　优秀女子手球队进球运动员的位置特征

世界女子手球比赛中不同运动员的位置情况与球队的进球得分数是否存在一定的关系？为了解决这一问题，笔者对第 30 届奥运会的女子手球队进球运动员的位置特征进行了深入的分析与探讨，由原始数据制得表 6.7。

表 6.7　第 30 届奥运会女子手球比赛进球运动员位置特征统计一览表

层次	名次	队别	进球数	左边锋	右边锋	底线	左卫	右卫	中卫	均值
第一梯队	1	挪威	196	34	33	25	51	27	26	32.67
	2	黑山	210	57	56	24	24	26	23	35.00
	3	西班牙	201	26	60	20	44	16	35	33.50
第二梯队	4	韩国	215	44	31	20	9	54	57	35.83
	5	法国	147	0	26	15	53	18	35	24.50
	6	巴西	156	38	20	26	42	15	15	26.00
第三梯队	7	克罗地亚	167	26	37	31	10	25	38	27.83
	8	俄罗斯	174	23	27	22	28	36	38	29.00
	9	丹麦	113	0	23	13	62	0	15	18.83
第四梯队	10	安哥拉	132	15	25	11	37	20	24	22.00
	11	瑞典	108	15	11	17	6	26	33	18.00
	12	英国	91	13	8	27	5	33	5	15.17
合计			1910	291	357	251	371	296	344	318.32

由表 6.7 可知：

（1）从整体上看，本届奥运会女子手球比赛的 1910 个进球中，主要是依赖于左、中、右卫的进球，其值高达 1011 个，占总进球数的 52.93%；其次，是左、右边锋的进球数为 648 个；最后，是底线的进球数，仅为 251 个。这些数据说明，本届奥运会女子手球比赛主要得分的主力军是左、中、右卫运动员，即球队中左、中、右卫运动员的个人能力以及协同配合能力的强弱与该球队最终成绩与名次有着直接的正比例关系。

（2）从各球队不同进球运动员位置的进球数上看，由冠、亚、季军组成的第一梯队的运动员的个人能力和综合素质两方面都较第二、第三、第四梯队强，且各队经单样本 T 检验（Test Value 为各队不同位置进球总数的均值）显示了不同程度的差异性（$P < 0.05$ 或 0.01）。例如：冠军挪威队的差异性指标最少，除左卫具有显著性差异外（$P < 0.01$），其他各指标均在均值上下波动，而且不具有显著性的差异；相比之下，其他各队都存在多个指标的显著性差异（$P < 0.05$ 或 0.01），而且多个指标大部分处于均值之下，这点尤其突出的是第三、第四梯队的各球队。这些充分说明，第一梯队较其他三个梯队不同位置运动员的个人能力以及协同得分能力强，而且进攻手段多样化，进球得分点多，得分覆盖面广，尤

其突出的是冠军挪威队。

综合以上分析可知：球队进攻能力的强弱、名次的好坏等并不是由某一个或某两个核心得分手的能力决定的，而是由所有运动员的组织配合能力决定的，这点与上届奥运会女子手球比赛的情况相反，可见，世界女子手球运动比赛正由"围绕核心得分手组织实施进攻技战术"转变为"不同位置运动员协同配合实施进攻技战术"，这是对以往各球队单一打法的一次变革。

第八节　优秀女子手球队"运—传—射"进球特征

"运—传—射"技术作为手球运动中主要的技战术组成部分之一，它可以达到声东击西，不断地打乱对方的防御部署，形成与同伴协调配合并最终完成射门得分的目的。有研究显示，"运—传—射"技术成功率的高低与球队进攻能力的强弱有着重要的关系。基于此，笔者对第30届奥运会女子手球比赛的"运—传—射"技战术情况进行统计分析，统计结果如表6.8。

表6.8　第30届奥运会女子手球比赛各队"运—传—射"进球特征统计一览表

层次	名次	队别	进球数	"运—传—射"次数						
				0	1	2	3	4	5	6以上
第一梯队	1	挪威	196	19	62	62	43	17	10	8
	2	黑山	210	20	53	55	45	22	14	10
	3	西班牙	201	26	56	59	43	17	13	7
第二梯队	4	韩国	215	17	52	45	35	14	18	11
	5	法国	147	22	50	49	31	14	13	13
	6	巴西	156	15	34	38	25	10	11	9
第三梯队	7	克罗地亚	167	12	27	46	28	15	13	14
	8	俄罗斯	174	14	26	39	23	14	12	11
	9	丹麦	113	13	27	34	14	12	8	8
第四梯队	10	安哥拉	132	14	29	20	19	9	8	8
	11	瑞典	108	18	27	18	16	11	15	5
	12	英国	91	12	23	22	17	10	6	3
合计			1910	202	466	487	339	166	142	107
比例				10.58%	24.40%	25.50%	17.75%	8.69%	7.43%	5.60%

由表 6.8 可知：

（1）从整体上看，本届奥运会女子手球比赛所进的 1910 个球中，队员与队员之间经 2 次"运—传"而射门进球得分的概率最高，其次为 1 次"运—传"射门进球率，再次为 3 次和 0 次"运—传"射门进球率，然而经过 4 次及以上的"运—传"球后的射门进球成功率呈显著下降趋势，这种现象在第一梯队和第二梯队中较为明显，而第三、第四梯队虽有下降但其幅度不明显，这表明：一支球队要想取得好的成绩就必须在战术上体现"以快制静，以变制动"态势，而且这也预示着当今世界优秀女子手球队的技战术打法正向着"快、变"的趋势发展。

（2）从各个细节上看，首先，经过 2 次"运—传"的破门概率最大，其比例高达 25% 之多，且经检验强队与弱队之间均具有显著性或非常显著性的差异（$P < 0.05$ 或 0.01），这是因为经过队员之间的 2 次"运—传"后，能更有效地、出其不意地调动防守方的队员，从而暴露出防守的漏洞。再者，2 次"运—传"破门概率高还在于队员快速突破至球门近区，而后回传至外围 9 米区域再传至边射区域进行射门而得分。其次，破门概率排名第二的是 1 次"运—传"，其比例也达到了 24% 左右，结合视频可知，其破门率高的原因在于当进攻方进攻失利或中途被断球、封球时，防守方能够很快地抓住机会，通过 2 名运动员的 1 次"运—传"进行快速反击而破门得分。这种 1 次"运—传"的快速反击能力在强队中尤为犀利，且经检验强队与弱队之间具有显著性的差异（$P < 0.05$ 或 0.01）。再次，破门概率排名第三的是 3 次"运—传"，其比例为 17% 之多，破门率较高，其主要应用于"攻—守"双方阵地阵型的对势中，视频显示其主要技战术破门是围绕 6 米与边射区域的"运—传—射"为主。此外，0 次"运—传"在比赛中，主要是防守方运动员个人通过封堵、抢断等获得控球后，迅速持球反扑进攻方球门前阵地并利用各种技术骗过守门员而射门进球得分，这种守株待兔等着彼方失误而破门得分的概率不是很高，仅为 10% 左右。由此可见，当今优秀女子手球比赛中，运动员之间的"运—传"球配合是主要的破门得分手段，但是"运—传"次数不宜超过 3 次，这点从表 6.8 的数据中就可得到验证，因为，超过 3 次的"运—传"配合不仅不能干扰防守方的全面防守，而且会增加防守方把握有效反击的概率。

综合以上分析，当今世界优秀女子手球比赛中，进攻方运动员之间"运—

传"配合次数的多少与该队破门进球机会的多少呈反比例关系，其进球前的"运—传"配合次数最佳为 1 至 3 次。

第九节　结论与展望

一、结论

1. 从球队组织进攻射门区域的特征方面看：世界女子手球比赛的优胜与球队不同区域形成的射门次数的多少呈明显的正比例关系，其中贡献率从大到小依次为 9 米区域、边射区域、6 米区域以及快速突破至 4 米核心区域的组织进攻能力。

2. 从球队组织进攻进球区域的特征方面看：球队射门数与进球数成正比，即射门数越多进球数也就越多，球队取得的成绩就越好，其中得分贡献率最大的是 9 米区域，而后依次为 6 米区域、边射区域、9 米区域以及快速突破至 4 米核心区域，即这些区域的有效射门率高的球队必将取得比赛的胜利。

3. 从球队组织进攻射门进球时间的特征方面看：上半场进球数明显低于下半场；上半场各时间段进球数逐步攀升，而下半场进球数略有波动；上半场结束前 10 分钟至下半场开场前 10 分钟是比赛进球数的最高峰。

4. 从球队组织进攻射门进球方式的特征方面看：6 米、9 米、边射区域以及快速突破至 4 米核心区域射门进球仍是主要的得分方式；其中, 9 米区域进球率为 31.31%，居于各进球方式之首。

5. 从射球进门区域的特征方面看：世界女子手球强队射球进门的区域选择具有一定的规律性与倾向性，即进球数主要集中在球门左下 7 号区、右下 9 号区、左上 1 号区、右上 3 号区这 4 个守门员难以防守的死角。再者，各队多数球员都习惯采用右手射门，从而导致球门右侧进球数高于左侧，这能为守门员防进攻方射门时，提供预测扑救的理论参数。

6. 从球队进球运动员的位置特征方面看：球队进攻能力的强弱、名次的好坏等并不是由某一个或某两个核心得分手的能力决定的，而是由所有运动员的组织配合能力决定的，这点与上届奥运会女子手球比赛的情况相反。

7. 从球队"运—传—射"进球特征方面看：当今世界优秀女子手球比赛中，进攻方运动员之间"运—传"配合次数的多少与该队破门进球机会的多少呈反比例关系，其进球前的"运—传"配合次数最佳为 1 至 3 次。

二、展望

1. 随着手球运动的发展，世界女子手球队的水平正在逐步形成两极分化，即强队与弱队之间、优势区域与弱势区域之间的竞技水平的差距有着越来越大的发展趋势，这不利于该项目的发展。

2. 世界女子手球运动比赛正由"围绕核心得分手组织实施进攻技战术"转变为"不同位置运动员协同配合实施进攻技战术"，这将改变以往各球队打法单一的局面。

3. 中国女子手球队在日后训练的过程中，应该加强 9 米区域、边射区域、6 米区域以及快速突破至 4 米核心区域的组织进攻能力，提高这 4 个区域的有效得分率；此外，在射球进门区域选择上以球门 4 个死角为射门训练目标；最后，在"运—传—射"配合训练上，主要以快攻协同战术训练为主，即最好安排 1 至 3 次"运—传"射门的技战术训练。

第七章
中国男子手球队技战术因子结构特征差异研究

【提要】运用文献资料法、数理统计法、对比分析法等方法，对中国男子手球队在 2011 年和 2013 年世界锦标赛上的 14 场比赛所表现出的技战术水平结构特征进行统计与分析，其目的是试图找出中国男子手球队在两届世锦赛上所表现的技战术因子结构特征的差异。研究结果显示：①两届世锦赛中国男子手球队技战术水平具有非常显著性的差异，即技战术结构因子特征发生了较大的变化，且数据提示打法正由单一走向多样性；②中国男子手球队的技战术结构特征主要由 4 个因子组成，它们分别是攻—防转换组织技战术能力、外线两端组织进攻技战术能力、内线组织进攻的技战术能力、防守反击的技战术能力，其对球队技战术影响的贡献率依次为 28.919%、27.859%、17.109% 和 12.611%；③目前中国男子手球队应提高外线两端组织进攻技战术能力和内线组织进攻技战术能力，其首要的任务是要提高边射进球率、9 米进球率、7 米进球率，增加助攻次数，并积极配合 6 米内线，减少失误次数，从而提高中国男子手球队整体技战术能力。建议：从事我国男子手球运动的教练员可以参照本研究得出的四种能力，对球队进行状态诊断，从而进行训练内容、训练重点、训练难点等方面的科学安排。

第一节 概 述

第29届北京奥运会上，中国男子手球队凭借其技战术的稳定发挥以及东道主效应而取得了突破性的第6名，这是中国队首次在奥运会上进入8强。而后，中国男子手球在2011年第22届世界锦标赛（第18名）、2012年第30届伦敦奥运会（资格赛中被淘汰）以及2013年第23届世界锦标赛（第21名）上均未取得较好的成绩，且成绩有下滑的趋势，其原因究竟是什么呢？笔者依据2008年至2013年的男子手球资料可知，中国男子手球队的运动员更新变化速度较外国强队快，这是其原因之一，但是否存在技战术打法方面的不稳定呢？这尚未证实。因此，本课题的研究重点是在中国男子手球队运动员更新换代迅速的同时，是否对已形成的技战术结构特征产生了不利的影响，这对我国男子手球水平的稳定提高具有重要的现实意义。

第二节 研究对象与方法

一、研究对象

以2011年和2013年世界男子手球锦标赛中国队的共14场比赛数据为研究对象，其中2011年世界锦标赛和2013年世界锦标赛各7场比赛。

二、研究方法

1. 文献资料法

通过中国知网等平台，检索并收集有关男子手球比赛方面的文献资料15篇，为本研究提供了可行的支撑；与此同时，未检索到与本研究雷同的报道。

2. 数理统计法

（1）数据的整理：在国际手球联合会网站获取2011年和2013年世界锦标赛中国男子手球比赛相关指标。

（2）将所得的指标数据录入SPSS15.0 for Windows软件上，进行方差分析、因子分析、KMO and Bartlett's Test 等。

3. 对比分析法

将处理—分析后的数据结果，进行有益的研究，以便探讨当今男子手球队技战术因子结构特征情况。

4. 统计指标说明

依据手球运动的文献资料，并结合比赛视频以及国际手联官方给出的技战术信息等，最终确定的技战术指标为：6 米进球率（X_1）、边射进球率（X_2）、9 米进球率（X_3）、7 米进球率（X_4）、快攻进球率（X_5）、突破进球率（X_6）、助攻（X_7）、进攻战术失误（X_8）、防守反击（X_9）、封堵（X_{10}）、守门员补救成功率（X_{11}）。

第三节　结果与讨论

一、结果与分析

（一）中国男子手球队 2011 年与 2013 年世锦赛的技战术指标特征情况

对两届世锦赛中国男子手球队的 11 项指标数据进行单因素方差处理后，其结果如表 7.1 所示。

表 7.1　单因素方差分析一览表

	Sum of Squares	df	Mean Square	F	Sig.
Between Groups　（Combined）	2460.938	17	144.761	5.660	.000
Within Groups	1509.010	59	25.576		
Total	3969.948	76			

由表 7.1 可知，经过单因素方差处理，显示显著性 P 远远小于 0.01，说明两届世锦赛中国男子手球队技战术水平具有非常显著性的差异，即技战术结构因子特征发生了较大的变化。这说明：一方面，本研究是具有现实意义的；另一方

面，中国男子手球队的技战术打法不稳定，没有形成自己的特色，故在参加世界性比赛时表现一年不如一年。

（二）中国男子手球队 2011 年与 2013 年世锦赛的技战术指标数据因子分析的适用检验

因子分析的统计学意义显示，各变量间的偏相关性以及独立性是衡量变量数据是否适用于因子模型分析的前提，即各变量的偏相关性大或为单位阵，则不适合因子分析，反之亦然。基于此，笔者采用 KMO and Bartlett's Test 对其进行分析，其结果如表 7.2。

表 7.2　KMO and Bartlett's Test 结果一览表

Kaiser–Meyer–Olkin Measure of Sampling Adequacy.		.540
Bartlett's Test of Sphericity	Approx. Chi–square	104.292
	df	55
	Sig.	.000

由表 7.2 显示，KMO 检验用于研究变量之间的偏相关分析，一般 KMO 统计量大于 0.5 时就具有意义，本研中 KMO 的统计量为 0.540，大于 0.5，说明做因子分析的采样充实度尚可，可以做因子分析；再者，其球形 Bartlett 检验统计量的 Sig 也小于 0.01，由此否定了相关矩阵为单位阵的零假设，认为各变量存在显著性的相关性，这也表明适用于因子分析处理变量数据。

（三）2011 年与 2013 年世锦赛中国男子手球队技战术共性指标的总方差情况

笔者为了更客观地找出中国男子手球队在 2011 年与 2013 年两届世锦赛上所表现出来的彼此呈弱相关或不相关的综合指标变量，对本研究多达 11 项的观测指标进行了"降维"处理，即通过研究众多变量之间的内部依赖关系，探求观测数据中的基本结构，并用少数几个抽象的变量去描述多个变量之间的关系；依据此原理而试图找出两届世锦赛中国男子手球队技战术方面的共性因子。其因子分析结果如表 7.3、7.4 所示。

表 7.3　总方差结果分析一览表

成分	初试特征值			提取平方和载入			旋转平方和载入		
	合计	方差 /%	累计	合计	方差	累计	合计	方差	累计
1	4.079	37.078	37.078	4.079	37.078	37.078	3.181	28.919	28.919
2	3.046	27.693	64.771	3.046	27.693	64.771	3.065	27.859	56.779
3	1.380	12.548	77.319	1.380	12.548	77.319	1.882	17.109	73.888
4	1.010	9.180	86.499	1.010	9.180	86.499	1.387	12.611	86.499
5	.707	6.430	92.929						
6	.272	2.469	95.398						
7	.211	1.914	97.311						
8	.156	1.420	98.731						
9	.097	.884	99.616						
10	.024	.214	99.830						
11	.019	.170	100.000						

表 7.4　旋转成分矩阵结果一览表

技战术指标	成分			
	1	2	3	4
6 米进球率	.069	.232	.771	.280
边射进球率	.150	.704	.268	−.596
9 米进球率	−.001	−.904	−.061	−.213
7 米进球率	−.124	.849	.067	.065
快攻进球率	.785	.329	.490	.009
突破进球率	.862	−.318	.028	.029
助攻	.141	.701	.635	−.146
进攻战术失误	−.519	.384	−.678	.145
防守反击	.162	.183	.220	.900
封堵	.854	−.088	.364	.225
守门员补救成功率	.788	.319	−.222	.000

　　由表 7.3 可知，中国男子手球队参加两届世锦赛的前四个共性影响因子的初试、提取平方和载入、旋转平方和载入的特征值均大于 1，累计贡献率 86.499%，说明前 4 个因子可以解释总方差的 86.499%，即中国男子手球队参加两届世锦赛所表现出来的 11 项技战术指标总体的 86.499% 的信息可以由这 4 个公因子来解释。基于此，可以认为影响中国男子手球队参加 2011 年与 2013 年两届世锦赛的技战术结构特征是由 4 个主要的公因子组成。

　　由表 7.4 可知，通过对 11 项指标变量的旋转后，可以发现旋转后的每个公因子上的载荷分配得更清晰了，这样做的优势在于更容易解释各个因子的意义。已知因子载荷是变量与公因子的相关系数，对一个变量来说，载荷绝对值较大的因子与它的关系更为密切，即能很好地代表这个变量。按照这个观点，就能计算出中国男子手球队两届世锦赛的 11 项技战术指标数据的载荷，即这些旋转载荷为其相关系数。

　　基于以上分析可知：第 1 个公因子能很好地代表快攻进球率、突破进球率、封堵、守门员补救成功率这 4 个变量，表示在比赛过程中，中国男子手球队不仅在进攻方面能够快速有效地进行"传—运"球形成快攻与突破局势而进球得分，而且还能在防守时积极有效地运用封堵，阻止进攻方球员对球门形成威胁性很强的射门，因而提高了守门员补救成功率，因此，可以把第 1 个公因子解释为攻—防转换组织技战术能力。第 2 个公因子由边射进球率、9 米进球率、7 米进球率、助攻 4 个指标变量组成，这 4 个变量表示在比赛的实际进程中，中国男子手球队外围两端外线队员的技战术水平，通过 7 米、9 米以及球门外围左右两侧进攻来实现射门进球得分的任务，因此，第 2 个公因子可以解释为外线两端组织进攻技战术能力。第 3 个公因子由 6 米进球率、进攻战术失误 2 个变量组成，表示在比赛实际进程中，中国男子手球队在进攻时充分利用内线，通过组织球门近区 6 米内线的技战术来实现进攻射门的任务，然而在这种背景下，防守方也会针对中国男子手球队以主打内线技战术而实施强有效的防守，这样便导致中国男子手球队失误增多，因此，第 3 个公因子可以解释为内线组织进攻技战术能力。同理，第 4 个公因子由防守反击这 1 个变量组成，表示中国男子手球队在实际的比赛过程中，处在防守方时积极有效地运用抢断技术，通过队员之间快速有效地"传—运"球，协助队友，转防守为进攻从而最后破门得分，因此，第 4 个公因子可以解释为防守反击的技战术能力。

（四）2011 年与 2013 年世锦赛中国男子手球队技战术公因子成分矩阵情况

　　为了进一步诠释中国男子手球队在 2011 年与 2013 年世锦赛中技战术特征共性指标的内涵，在旋转因子载荷矩阵的基础上，输出了因子得分的系数矩阵，结构见表 7.5。

表 7.5　成分得分系数矩阵结构一览表

指标变量	Component			
	1	2	3	4
6 米进球率（X_1）	−0.166	−0.053	0.515	0.156
边射进球率（X_2）	0.042	0.205	0.074	−0.444
9 米进球率（X_3）	−0.034	−0.331	0.143	−0.170
7 米进球率（X_4）	−0.019	0.299	−0.085	0.062
快攻进球率（X_5）	0.209	0.075	0.109	−0.035
突破进球率（X_6）	0.323	−0.074	−0.145	−0.003
助攻（X_7）	−0.066	0.145	0.329	−0.139
进攻战术失误（X_8）	−0.080	0.222	−0.369	0.165
防守反击（X_9）	0.002	0.054	0.031	0.645
封堵（X_{10}）	0.242	−0.049	0.059	0.123
守门员补救成功率（X_{11}）	0.397	0.209	−0.441	0.008

由表 7.5 可知，中国男子手球队在 2011 年与 2013 年世锦赛中各指标变量的得分系数矩阵，依据此矩阵可最终获得中国男子手球队在两届世锦赛中因子特征得分估计式的线性组合系数方程如下：$F_1 = -0.166X_1 + 0.042X_2 - 0.034X_3 + \cdots + 0.397X_{11}$；$F_2 = -0.053X_1 + 0.205X_2 - 0.331X_3 + \cdots + 0.209X_{11}$；$F_3 = 0.515X_1 + 0.074X_2 + 0.143X_3 + \cdots - 0.441X_{11}$；$F_4 = 0.156X_1 - 0.444X_2 - 0.170X_3 + \cdots + 0.008X_{11}$；这四个因子函数公式能够诠释中国男子手球队的主要技战术因子结构。

（五）2011 年与 2013 年世锦赛中国男子手球队技战术因子综合评价公式的构建

笔者为了进一步了解中国男子手球队在两届世锦赛中技战术因子特征的综合得分情况，采用对 4 个公因子的得分进行加权求和，权数就取其方程贡献值或贡献率，参考上文表 7.3 中的"旋转平方和载入"栏里的"方差值和方差贡献率"。本研究采用方差贡献率为权重，4 个旋转后公因子的方差贡献率依次为 28.919%、27.859%、17.109% 和 12.611%，于是可以得到 2011 年与 2013 年两届世锦赛中国男子手球队技战术因子综合得分评价公式为：$ZF = 28.919\% F1 + 27.859\% F2 + 17.109\% F3 + 12.611\% F4$。由公式计算出 2011 年与 2013 年两届世锦赛中国男子手球队 4 个公因子的分数大小以及总分数大小（其结果如表 7.6 所示），从而进行探讨。

表 7.6　综合因子得分结果一览表

	N	F_1	F_2	F_3	F_4	总得分
2011 年世锦赛	7	13.252	72.405	−27.905	18.945	21.619
2013 年世锦赛	7	13.798	37.284	−24.463	19.254	12.620

由表 7.6 的数据显示，中国男子手球队在积极换人的同时，并没有创造出新的打法，但数据提示正向着打法多样性过渡，故现在还是以外线两端组织进攻技战术为主要进球得分手段。

二、讨论与分析

经过单因素方差、因子分析，很好地诠释了中国男子手球队的整体技战术因子特征结构的差异显著。经旋转之后的因子成分载荷矩阵，分析制约中国男子手球队 2011 年与 2013 年两届世锦赛中的 4 个主要特征公因子构成了中国男子手球队的主要技战术因子结构，它们分别是攻—防转换组织技战术能力、外线两端组织进攻技战术能力、内线组织进攻技战术能力、防守反击技战术能力。研究表明：①中国男子手球队两届世锦赛技战术因子结构特征上的差异性非常显著（$F = 5.660$，$P < 0.01$）；②综合因子的得分结果显示，2011 年世锦赛的因子总分大于 2013 年世锦赛的因子总分（21.619 > 12.620），这充分说明 2011 年世锦赛中国男子手球队的整体技战术实施情况优于 2013 年的世锦赛，而且也表明虽然中国男子手球队运动员更新速度较其他强队快，但其总体的技战术打法特征没有改变，主要以外围的组织进攻技战术得分。

基于以上分析，进一步分析可知，2011 年世锦赛，中国男子手球队主要是围绕外线两端组织进攻技战术、防守反击技战术和攻—防转换组织技战术，其次为内线组织进攻技战术的结构特征。在进攻端，中国队凭借其高大的身材多以外围 9 米和边射区域的射门为主，采用"以外为主，内外兼顾"技术进攻，但由于我国男队的身高、体重以及克托莱指数上的高、壮，故移动速度方面相对较慢，这导致内线协助配合进攻等达不到彼此默契，遇到强硬而坚固的阵地防守就会产生"断线"的现象；因此，更多的是依靠外线左、右、中卫运动员把球传递到底线，通过底线运动员进行内调外拉的进攻方式而进球得分，这种打法最大的缺点就是进攻推进慢、进攻点单一、进攻面窄。相比之下，2013年世锦赛中国男子手球队的外线两端组织进攻技战术很差，综合得分仅为37.284，比2011年少了35分之多，可见，外线进攻的优势正由于运动员的更替而逐渐下降，这不利于球队已形成的技战术打法的稳定发展。但是从其他3个因子的得分可以看出，2013年世锦赛上，随着一些老队员的退役或更替，中国男子手球队许多后备年轻运动员的补上，使得球队在第1公因子攻—防转换组织技战术能力和第4公因子防守反击的技战术能力方面有所提高，表明中国男子手球队更多的是运用攻—防快速转换打防守反击的技战术打法，并且加强了与内线运动员的配合，使中国男子手球队内、外线进攻更好地结合。此外在防守方面，中国队较2011年世锦赛相比，更加注重队员与队员之间的协防以及守门员与队员之间的补防，特别是在内线，积极的封堵或干扰进攻方的射门技战术，并适时运用抢断创造有效的防守反击机会，以上这些分析从表7.6的数据就可到验证。因此，中国男子手球队在两届世锦赛上的整体技战术因子特征结构差异较为明显，其发展方向是有利于中国男子手球队的，但必须加强外线两端组织进攻的技战术能力的训练。

最后，通过探讨各技战术因子的得分，可以对比两届世锦赛中国男子手球队的技战术结构变化细节，2011年世锦赛上，中国男子手球队的外线两端组织进攻技战术能力（72.405）明显高于2013年世锦赛（37.284）。2011年世锦赛，中国男子手球队在外线上占据优势，在进攻端，更多的是依靠外线左、右、中卫运动员把球传递到底线，左右边锋两侧的间断掩护，穿插移动适时接球或"运—传"球进攻，中卫9米弧顶区域组织突破与射门相结合，进行内调外拉的进攻而进球得分；防守端，中国男子手球队的步伐移动灵敏性差，速度慢，且协同防守配合能力不强。然而，2013年世锦赛上，以新队员为主的中国男子手球队在进攻端通过加强内线运动员的协调配合，外线边锋运动员的连续穿插跑动、接球进攻，左、中、右卫突射结合，与内线队员相互策应而进球得分，但外线运动员的"传—运—突—射"能力不佳。防守端，中国队主要采用3-2-1扩大联防区域或转换半场紧逼盯人的混合防守战术，从而最大程度地制约进攻方对内线的进攻，但中国队这方面的能力还是较世界强队差。

综合以上分析，中国男子手球队 2013 年世锦赛的防守反击技战术能力、内线组织进攻技战术能力、防守反击技战术能力高于 2011 年世锦赛的表现，而外线两端组织进攻技战术能力低于 2011 年世锦赛上的表现，说明外线两端组织进攻技战术能力是当前中国男子手球队的不足之处，这种技战术能力包含了边射进球率、9 米进球率、7 米进球率、助攻这 4 个方面，因此，提高边射进球率、9 米进球率、7 米进球率，增加助攻次数，并积极配合 6 米内线，减少失误次数是改善中国男子手球队整体技战术能力的关键。在技战术上，中国队应该着重增强内线队员的单打能力与组织策应能力，提高外线队员 9 米区域、边射区域、7 米区域的"传—运—突—射"的配合能力，改变其当前单一的打法等，这些是当今中国男子手球队有待解决的问题。

第四节　结论与建议

一、结论

1. 运用数理统计学方法与原理，可以很好地诠释中国男子手球队的整体技战术因子特征结构，统计结果与比赛实际结果的一致性较好，从而科学地分析了中国男子手球队的技战术内部结构能力；由此可见，科学技术投入的程度大小直接影响到中国男子手球队技战术水平提高幅度。

2. 目前影响中国男子手球队战绩的主要技战术能力为攻—防转换组织技战术能力（28.919%）、外线两端组织进攻技战术能力（27.859%）、内线组织进攻技战术能力（17.109%）、防守反击技战术能力（12.611%）；在技战术的实施情况上，中国男子手球队 2013 年世锦赛的综合因子得分低于 2011 年世锦赛，但其打法正在向好的方向发生变化。

3. 目前男子手球队应提高外线两端组织进攻技战术能力和内线组织进攻技战术能力。其首要的任务是要提高边射进球率、9 米进球率、7 米进球率，增加助攻次数，并积极配合 6 米内线，减少失误次数，从而提高中国男子手球队整体技战术能力。

二、建议

从事我国男子手球运动的教练员可以参照本研究得出的四种能力，即攻—防转换组织技战术能力、外线两端组织进攻技战术能力、内线组织进攻技战术能力、防守反击技战术能力进行训练内容、训练重点、训练难度等方面的科学安排。

第八章
中国女子手球队技战术因子结构特征差异研究

【提要】运用文献资料法、数理统计法、对比分析法等方法，对中国女子手球队在 2011 年和 2013 年世界锦标赛上的 14 场比赛所表现出的技战术水平结构特征进行统计与分析，其目的是试图找出中国女子手球队在两届世锦赛上所表现的技战术因子结构特征的差异。研究结果显示：①两届世锦赛中国女子手球队技战术水平具有非常显著性的差异，即技战术结构因子特征发生了较大的变化，且数据提示打法正由单一走向多样性；②中国女子手球队的技战术结构特征主要由 4 个因子组成，它们分别是攻—防转换组织技战术能力、外线两端组织进攻技战术能力、内线组织进攻技战术能力、防守反击技战术能力，其对球队技战术影响的贡献率依次为 28.867%、27.860%、17.109% 和12.611%；③目前中国女子手球队应提高外线两端组织进攻技战术能力和内线组织进攻技战术能力，其首要的任务是要提高边射进球率、9 米进球率、7 米进球率，增加助攻次数，并积极配合 6 米内线，减少失误次数，从而提高中国女子手球队整体技战术能力。建议：从事我国女子手球运动的教练员可以参照本研究得出的四种能力，对球队进行状态诊断，从而进行训练内容、训练重点、训练难点等方面的科学安排。

第一节　概　述

第 29 届北京奥运会上，中国女子手球队凭借其技战术的稳定发挥以及东道主效应而取得了突破性的第 6 名，这是中国队首次在奥运会上进入 8 强。而后，中国女子手球在 2011 年锦标赛（第 21 名）、2012 年第 30 届伦敦奥运会（资格赛中被淘汰）以及 2013 年锦标赛（第 18 名）上均未取得较好的成绩，且成绩有下滑的趋势，其原因究竟是什么呢？笔者依据 2008 年至 2013 年的女子手球资料可知，中国女子手球队的运动员更新变化速度较外国强队快，这是其原因之一，但是否存在技战术打法方面的不稳定呢？这尚未证实。因此，本课题的研究重点是在中国女子手球队运动员更新换代迅速的同时，是否对已形成的技战术结构特征产生了不利的影响，这对我国女子手球水平的稳定提高具有重要的现实意义。

第二节　研究对象与方法

一、研究对象

以 2011 年和 2013 年世界女子手球锦标赛中国队的共 14 场比赛数据为研究对象，其中 2011 年世界锦标赛和 2013 年世界锦标赛各 7 场比赛。

二、研究方法

1. 文献资料法

通过中国知网等平台，检索并收集有关女子手球比赛方面的文献资料 15 篇，为本研究提供了可行的支撑；与此同时，未检索到与本研究雷同的报道。

2. 数理统计法

（1）数据的整理：在国际手球联合会网站获取 2011 年和 2013 年世界锦标赛中国女子手球比赛相关指标。

（2）将所得的指标数据录入 SPSS15.0 for Windows 软件上，进行方差分析、因子分析、KMO and Bartlett's Test 等。

3. 对比分析法

将处理—分析后的数据结果，进行有益的研究，以便探讨当今女子手球队技战术因子结构特征情况。

4. 统计指标说明

依据手球运动的文献资料，并结合比赛视频以及国际手联官方给出的技战术信息等，最终确定的技战术指标为：6 米进球率（X_1）、边射进球率（X_2）、9 米进球率（X_3）、7 米进球率（X_4）、快攻进球率（X_5）、突破进球率（X_6）、助攻（X_7）、进攻战术失误（X_8）、防守反击（X_9）、封堵（X_{10}）、守门员补救成功率（X_{11}）。

第三节　结果与讨论

一、结果与分析

（一）中国女子手球队 2011 年与 2013 年世锦赛的技战术指标特征情况

对两届世锦赛中国女子手球队的 11 项指标数据进行单因素方差处理后，其结果如表 8.1 所示。

表 8.1　单因素方差分析一览表

	Sum of Squares	df	Mean Square	F	Sig.
Between Groups（Combined）	2260.900	17	141.770	4.760	.000
Within Groups	1209.000	59	21.580		
Total	3469.950	76			

由表 8.1 可知，经过单因素方差处理，显示显著性 P 远远小于 0.01，说明两届世锦赛中国女子手球队技战术水平具有非常显著性的差异，即技战术结构因子特征发生了较大的变化。这说明：一方面，本研究是具有现实意义的；另一方面，中国女子手球队的技战术打法不稳定，没有形成自己的特色，故在参加世界性比赛时表现一年不如一年。

（二）中国女子手球队 2011 年与 2013 年世锦赛的技战术指标数据因子分析的适用检验

因子分析的统计学意义显示，各变量间的偏相关性以及独立性是衡量变量数据是否适用于因子模型分析的前提，即各变量的偏相关性大或为单位阵，则不适合因子分析，反之亦然。基于此，笔者采用 KMO and Bartlett's Test 对其进行分析，其结果如表 8.2。

表 8.2 KMO and Bartlett's Test 结果一览表

Kaiser–Meyer–Olkin Measure of Sampling Adequacy.		.580
Bartlett's Test of Sphericity	Approx. Chi–square	101.274
	df	55
	Sig.	.000

由表 8.2 显示，KMO 检验用于研究变量之间的偏相关分析，一般 KMO 统计量大于 0.5 时就具有意义，本研中 KMO 的统计量为 0.580，大于 0.5，说明做因子分析的采样充实度尚可，可以做因子分析；再者，其球形 Bartlett 检验统计量的 Sig 也小于 0.01，由此否定了相关矩阵为单位阵的零假设，认为各变量存在显著性的相关性，这也表明适用于因子分析处理变量数据。

（三）2011 年与 2013 年世锦赛中国女子手球队技战术共性指标的总方差情况

笔者为了更客观地找出中国女子手球队在 2011 年与 2013 年两届世锦赛上所表现出来的彼此呈弱相关或不相关的综合指标变量，对本研究多达 11 项的观测指标进行了"降维"处理，即通过研究众多变量之间的内部依赖关系，探求观测数据中的基本结构，并用少数几个抽象的变量去描述多个变量之间的关系；依据此原理而试图找出两届世锦赛中国女子手球队技战术方面的共性因子。其因子分析结果如表 8.3、8.4 所示。

表 8.3　总方差结果分析一览表

成分	初试特征值			提取平方和载入			旋转平方和载入		
	合计	方差	累计	合计	方差	累计	合计	方差	累计
1	4.027	37.026	37.026	4.027	37.026	37.026	3.129	28.867	28.867
2	2.994	27.641	64.719	2.994	27.641	64.719	3.013	27.807	56.727
3	1.328	12.496	77.267	1.328	12.496	77.267	1.830	17.057	73.836
4	0.958	9.128	86.447	0.958	9.128	86.447	1.335	12.559	86.447
5	0.655	6.378	92.877						
6	0.220	2.417	95.346						
7	0.159	1.862	97.259						
8	0.104	1.368	98.679						
9	0.045	0.832	99.564						
10	0.022	0.162	99.778						
11	0.017	0.118	100.000						

表 8.4　旋转成分矩阵结果一览表

技战术指标	成分			
	1	2	3	4
6 米进球率	0.057	0.220	0.759	0.268
边射进球率	0.138	0.692	0.256	−0.608
9 米进球率	−0.013	−0.916	−0.073	−0.225
7 米进球率	−0.136	0.837	0.055	0.053
快攻进球率	0.773	0.317	0.478	−0.003
突破进球率	0.850	−0.330	0.016	0.017
助攻	0.129	0.689	0.623	−0.158
进攻战术失误	−0.531	0.372	−0.690	0.133
防守反击	0.150	0.171	0.208	0.888
封堵	0.842	−0.100	0.352	0.213
守门员补救成功率	0.776	0.307	−0.234	0.000

　　由表 8.3 可知，中国女子手球队参加两届世锦赛的前四个共性影响因子的初试、提取平方和载入、旋转平方和载入的特征值均大于 1，累计贡献率 86.447%，说明前 4 个因子可以解释总方差的 86.447%，即中国女子手球队参加两届锦标赛所表现出来的 11 项技战术指标总体的 86.447% 的信息可以由这 4 个公因子来解释。基于此，可以认为影响中国女子手球队参加 2011 年与 2013 年两

届世锦赛的技战术结构特征是由 4 个主要的公因子组成。

由表 8.4 可知，通过对 11 项指标变量的旋转后，可以发现旋转后的每个公因子上的载荷分配得更清晰了，这样做的优势在于更容易解释各个因子的意义。已知因子载荷是变量与公因子的相关系数，对一个变量来说，载荷绝对值较大的因子与它的关系更为密切，即能很好地代表这个变量。按照这个观点，就能计算出中国女子手球队两届世锦赛的 11 项技战术指标数据的载荷，即这些旋转载荷为其相关系数。

基于以上分析可知：第 1 个公因子能很好地代表快攻进球率、突破进球率、封堵、守门员补救成功率这 4 个变量，表示在比赛过程中，中国女子手球队不仅在进攻方面能够快速有效地进行"传—运"球形成快攻与突破局势而进球得分，而且还能在防守时积极有效地运用封堵，阻止进攻方球员对球门形成威胁性很强的射门，因而提高了守门员补救成功率，因此，可以把第 1 个公因子解释为攻—防转换组织技战术能力。第 2 个公因子由边射进球率、9 米进球率、7 米进球率、助攻 4 个指标变量组成，这 4 个变量表示在比赛的实际进程中，中国女子手球队在外围两端外线队员的技战术水平，通过 7 米、9 米以及球门外围左右两侧进攻来实现射门进球得分的任务，因此，第 2 个公因子可以解释为外线两端组织进攻技战术能力。第 3 个公因子由 6 迷进球率、进攻战术失误 2 个变量组成，表示在比赛实际进程中，中国女子手球队在进攻时充分利用内线，通过组织球门近区 6 米内线的技战术来实现进攻射门的任务，然而在这种背景下，防守方也会针对中国女子手球队以主打内线技战术实施强而有效的防守，这样便导致中国女子手球队失误增多，因此，第 3 个公因子可以解释为内线组织进攻技战术能力。同理，第 4 个公因子由防守反击这 1 个变量组成，表示中国女子手球队在实际的比赛过程中，处在防守方时积极有效地运用抢断技术，通过队员之间快速有效地"传—运"球，协助队友，转防守为进攻从而最后破门得分，因此，第 4 个公因子可以解释为防守反击的技战术能力。

（四）2011 年与 2013 年世锦赛中国女子手球队技战术公因子成分矩阵情况

为了进一步诠释中国女子手球队在 2011 年与 2013 年世锦赛中技战术特征共性指标的内涵，在旋转因子载荷矩阵的基础上，输出了因子得分的系数矩阵，结构见表 8.5。

表 8.5　成分得分系数矩阵结构一览表

指标变量	Component			
	1	2	3	4
6 米进球率（X_1）	−0.177	−0.064	0.504	0.145
边射进球率（X_2）	0.031	0.194	0.063	−0.455
9 米进球率（X_3）	−0.045	−0.342	0.132	−0.181
7 米进球率（X_4）	−0.030	0.288	−0.096	0.051
快攻进球率（X_5）	0.198	0.064	0.098	−0.046
突破进球率（X_6）	0.312	−0.085	−0.156	−0.014
助攻（X_7）	−0.077	0.134	0.318	−0.150
进攻战术失误（X_8）	−0.091	0.211	−0.38	0.154
防守反击（X_9）	−0.009	0.043	0.020	0.634
封堵（X_{10}）	0.231	−0.060	0.048	0.112
守门员补救成功率（X_{11}）	0.386	0.198	−0.452	−0.003

由表 8.5 可知，中国女子手球队在 2011 年与 2013 年世锦赛中各指标变量的得分系数矩阵，依据此矩阵可最终获得中国女子手球队在两届世锦赛中因子特征得分估计式的线性组合系数方程如下：$F_1 = -0.177X_1 + 0.031X_2 - 0.045X_3 + \cdots + 0.386X_{11}$；$F_2 = -0.064X_1 + 0.194X_2 - 0.342X_3 + \cdots + 0.198X_{11}$；$F_3 = 0.504X_1 + 0.063X_2 + 0.132X_3 + \cdots - 0.452X_{11}$；$F_4 = 0.145X_1 - 0.455X_2 - 0.181X_3 + \cdots + 0.003X_{11}$；这四个因子函数公式能够诠释中国女子手球队的主要技战术因子结构。

（五）2011 年与 2013 年世锦赛中国女子手球队技战术因子综合评价公式的构建

笔者为了进一步了解中国女子手球队在两届世锦赛中技战术因子特征的综合得分情况，采用对 4 个公因子的得分进行加权求和，权数就取其方程贡献值或贡献率，参考上文表 8.3 中的"旋转平方和载入"栏里的"方差值和方差贡献率"。本研究采用方差贡献率为权重，4 个旋转后公因子的方差贡献率依次为 28.867%、27.860%、17.109% 和 12.611%，于是可以得到 2011 年与 2013 年两届世锦赛中国女子手球队技战术因子综合得分评价公式为：$ZF = 28.867\%F_1 + 27.860\%F_2 + 17.109\%F_3 + 12.611\%F_4$。由公式计算出 2011 年与 2013 年两届世锦赛中国女子手球队 4

个公因子的分数大小以及总分数大小（其结果如表 8.6 所示），从而进行探讨。

表 8.6　综合因子得分结果一览表

	N	F_1	F_2	F_3	F_4	总得分
2011 年世锦赛	7	12.239	71.392	−28.918	17.932	21.320
2013 年世锦赛	7	12.785	36.271	−25.476	18.241	12.321

由表 8.6 的数据显示，中国女子手球队在积极换人的同时，并没有创造出新的打法，但数据提示正向着打法多样性过渡，故现在还是以外线两端组织进攻的技战术为主要进球得分手段。

二、讨论与分析

经过单因素方差、因子分析，很好地诠释了中国女子手球队的整体技战术因子特征结构的差异显著。经旋转之后的因子成分载荷矩阵，分析制约中国女子手球队 2011 年与 2013 年两届世锦赛中的 4 个主要特征公因子构成了中国女子手球队的主要技战术因子结构，它们分别是攻—防转换组织技战术能力、外线两端组织进攻技战术能力、内线组织进攻技战术能力、防守反击技战术能力。研究表明：①中国女子手球队两届世锦赛技战术因子结构特征上的差异性非常显著（$F = 4.760$，$P < 0.01$）；②综合因子的得分结果显示，2011 年世锦赛的因子总分大于 2013 年世锦赛的因子总分（21.320 > 12.321），这充分说明 2011 年世锦赛中国女子手球队的整体技战术实施情况优于 2013 年的世锦赛，而且也表明虽然中国女子手球队运动员更新速度较其他强队快，但其总体的技战术打法特征没有改变，主要以外围的组织进攻技战术得分为主。

基于以上分析，进一步分析可知，2011 年世锦赛，中国女子手球队主要是围绕外线两端组织进攻技战术、防守反击技战术和攻—防转换组织技战术，其次为内线组织进攻技战术的结构特征。在进攻端，中国队凭借其高大的身材多以外围 9 米和边射区域的射门为主，采用"以外为主，内外兼顾"技术进攻，但由于我国女队的身高、体重以及克托莱指数上的高、壮，故移动速度方面相对较慢，这导致内线协助配合进攻等达不到彼此默契，遇到强硬而坚固的阵地防守就会产生"断线"的现象；因此，更多的是依靠外线左、右、中卫运动员把球传递到底线，通过底线运动员进行内调外拉的进攻方式而进球得分，这种打法最大的缺点就是进攻推进慢、进攻点单一、进攻面窄。相比之下，2013 年世锦赛中国女子手球队的外线两端组织进攻技战术很差，综合得分仅为 37，比 2011 年少了 35 分之多，可见，外线进攻的优势正由于运动员的更替而逐渐下降，这不利于球队已形成的技战术打法的稳定发展。但是从其他 3 个因子的得分可以看出，2013 年世锦赛上，随着一些老队员的退役或更替，中国女子手球队许多后备年轻运动员的补上，使得球队在第 1 公因子攻—防转换组织技战术能力和第 4 公因子防守反击的技战术能力方面有所提高，表明中国女子手球队更多的是运用攻—防快速转换打防守反击技战术打法，并且加强了与内线运动员的配合，使中国女子手球队内、外线进攻更好地结合。此外在防守方面，中国队较 2011 年世锦赛相比，更加注重队员与队员之间的协防以及守门员与队员之间的补防，特别是在内线，积极的封堵或干扰进攻方的射门技战术，并适时运用抢断创造有效的防守反击机会，以上这些分析从表 8.6 的数据就可到验证。因此，中国女子手球队在两届世锦赛上的整体技战术因子特征结构差异较为明显，但其发展方向是有利于中国女子手球队的，但必须加强外线两端组织进攻技战术能力的训练。

最后，通过探讨各技战术因子的得分，可以对比两届世锦赛中国女子手球队的技战术结构变化细节，2011 年世锦赛上，中国女子手球队的外线两端组织进攻技战术能力（71.392）明显高于 2013 年世锦赛（36.271）。2011 年世锦赛，中国女子手球队在外线上占据优势，在进攻端，更多的是依靠外线左、右、中卫运动员把球传递到底线，左右边锋两侧的间断掩护，穿插移动适时接球或"运—传"球进攻，中卫 9 米弧顶区域组织突破与射门相结合，进行内调外拉的进攻而进球得分；防守端，中国女子手球队的步伐移动灵敏性差，速度慢，且协同防守配合能力不强。然而，2013 年世锦赛上，以新队员为主的中国女子手球队在进攻端通过加强内线运动员的协调配合，外线边锋运动员的连续穿插跑动、接球进攻，左、中、右卫突射结合，与内线队员相互策应而进球得分，但外线运动员的"传—运—突—射"能力不佳。防守端，中国队主要采用 3–2–1 扩大联防区域或转换半场紧逼盯人的混合防守战术，从而最大程度地制约进攻方对内线的进攻，但中国队这方面的能力还是较世界强队差。

综合以上分析，中国女子手球队 2013 年世界锦标赛的防守反击技战术能力、内线组织进攻技战术能力、防守反击技战术能力高于 2011 年世锦赛的表现，而外线两端组织进攻技战术能力低于 2011 年锦标赛上的表现，说明外线两端组织进攻技战术能力是当前中国女子手球队的不足之处，这种技战术能力包含了边射进球率、九米进球率、7 米进球率，助攻这 4 个方面，因此，提高边射进球率、9 米进球率、7 米进球率，增加助攻次数，并积极配合 6 米内线，减少失误次数是改善中国女子手球队整体技战术能力的关键。在技战术上，中国队应该着重增强内线队员的单打能力与组织策应能力，提高外线队员 9 米区域、边射区域的、7 米区域的"传—运—突—射"的配合能力，改变其当前单一的打法等，这些是当今中国女子手球队有待解决的问题。

第四节　结论与建议

一、结论

1. 运用数理统计学方法与原理，可以很好地诠释中国女子手球队的整体技战术因子特征结构，统计结果与比赛实际结果的一致性较好，从而科学地分析了中国女子手球队的技战术内部结构能力；由此可见，科学技术投入的程度大小直接影响到中国女子手球队技战术水平提高幅度。

2. 目前影响中国女子手球队战绩的主要技战术能力为攻—防转换组织技战术能力（28.867%）、外线两端组织进攻技战术能力（27.860%）、内线组织进攻技战术能力（17.109%）、防守反击技战术能力（12.611%）；在技战术的实施情况上，中国女子手球队 2013 年世锦赛的综合因子得分低于 2011 年世锦赛，但其打法正在向好的方向发生变化。

3. 目前女子手球队应提高外线两端组织进攻的技战术能力和内线组织进攻技战术能力。其首要的任务是要提高边射进球率、9 米进球率、7 米进球率，增加助攻次数，并积极配合 6 米内线，减少失误次数，从而提高中国女子手球队整体技战术能力。

二、建议

从事我国女子手球运动的教练员可以参照本研究得出的四种能力，即攻—防转换组织技战术能力、外线两端组织进攻技战术能力、内线组织进攻技战术能力、防守反击技战术能力进行训练内容、训练重点、训练难度等方面的科学安排。

下篇
世界优秀手球队参赛实力评估研究

　　手球世界锦标赛作为手球运动项目的最高比赛之一，它代表着世界手球技战术的发展水平，对笔者的研究具有非常重要的参考价值。基于此，我们在探讨当今男子和女子手球队获取比赛优胜的众多指标时，哪些是对球队比赛胜负制约最大的指标？哪些是对球队比赛胜负制约较小的指标？带着这些问题，笔者通过因特网在中国知网等平台，查阅了近10年与手球技战术方面有关的文献资料与书籍，发现目前手球制胜方面的相关文献仅10余篇，且这些文献中虽列出了一些制胜指标，但没有依据这些指标进行判别函数方程的建立，而且这些制胜指标也随着时间的推移发生了指标间的彼此转移。因此，笔者认为有必要对其进行进一步的研究，运用判别分析法找出随时间的发展影响球队获胜的关键性指标因子，并依据这些若干因子建立判别方程，从而为教练员对球队的状态进行诊断以及适时调整训练内容等提供一定理论参数。

第九章

世界男子手球队宏观与微观训练指标体系的构建与运用

【提要】运用文献资料法、数理统计法等主要方法，对世界男子手球锦标赛各队比赛数据进行统计分析，其目的在于试图构建世界优秀男子手球队临场技战术能力的评估方程，帮助教练员指导、训练运动员参加比赛等。研究结果显示：①男子手球队训练的宏观13项指标与微观7项指标对世界男子手球队科学训练的诊断具有非常重要的践行意义与可操作性；②判别分析方法对世界男子手球队各项技战术的处理效果较好，而且还筛选出了7个对比赛胜负影响很大的关键性因子；③依据7个因子构建了可预测比赛优胜的判别函数方程，其预判方程的准确率高达近94%，且外带检验准确率也高达93%以上；④首次建立了男子手球队参赛实力7项指标评估法，并且验证显示具有较高的准确性与可靠性。研究建议：从事手球项目的教练员可以参照本研究得出的宏观与微观指标、预判方程以及评估标准等，对球队的参赛实力情况进行定量评价与分析，发现问题及时对球队的竞技情况做出科学的诊断，以便在训练、比赛中做出科学的改进与调整。

第一节 概 述

手球世界锦标赛作为手球运动项目的最高比赛之一，它代表着世界手球技战术的发展水平，对笔者的研究具有非常重要的参考价值。基于此，我们在探讨当今男子手球队获取比赛优胜的众多指标时，哪些是对球队比赛胜负制约最大的指标？哪些是对球队比赛胜负制约较小的指标？带着这些问题，笔者通过因特网在中国知网等平台，查阅了近 10 年与手球技战术方面有关的文献资料与书籍，发现目前男子手球制胜方面的相关文献仅 10 余篇，且这些文献中虽列出了一些制胜指标，但没有依据这些指标进行判别函数方程的建立，而且这些制胜指标也随着时间的推移发生了指标间的彼此转移。因此，笔者认为有必要对其进行进一步的研究，运用判别分析法找出随时间的发展影响球队获胜的关键性指标因子，并依据这些若干因子建立判别方程，从而为教练员对球队的状态进行诊断以及适时调整训练内容等提供一定理论参数。

第二节 研究对象与方法

一、研究对象

以 2011 年世界男子手球锦标赛各队共 98 场比赛数据为方程建立依据（其中小组循环赛中的 3 场比赛因平局而被剔除，这样做的原因是为了研究结果更为客观与准确）；以 2013 年的比赛数据为回带判别方程的检验数据。

二、研究方法

1. 文献资料法

通过中国知网等平台，检索并收集有关手球比赛方面的文献资料 40 篇，确定男子手球比赛制胜因素指标数据、研究技术手段等；与此同时，未检索到与本研究雷同的报道。

2. 数理统计法

（1）数据的整理：在国际手球联合会网站获取 2011 年世界男子手球锦标赛各队比赛相关指标并分类汇总。

（2）将统计汇总所得的指标数据录入 SPSS15.0 for Windows 软件，进行 Correlate、Discriminant Analysis 等。

3. 对比分析法

对处理—分析后的数据结果进行有益的研究，以便探讨当今男子手球队技战术实力情况。

4. 专家访谈法

就本研究的相关问题（如等级的划分、指标的确定等），对 12 名国内相关资深专家进行了访谈，这为本研究的顺利开展提供了有力的支撑。

5. 统计指标说明

世界手球锦标赛为男子手球比赛的最高赛事，在每次比赛后都会公布各队比赛的统计数据，为了更客观、准确地运用有用的指标建立判别方程关系式，在代入指标数据分析前，必须对指标数据进行科学的判别、分析、筛选，这样才能使本研究更为准确。基于此，笔者依据国内外手球运动的文献资料，并结合国际手联官方给出的技战术信息等，最终确定的对比赛胜负有直接影响的研究指标为：6 米球射门进球数（X_1），代表着球队在球门近区 6 米区域内组织技战术的能力；边射进球数（X_2），代表着球队在球门两边组织技战术的能力；9 米球射门进球数（X_3），代表着球队在球门远端组织技战术的能力；7 米球射门进球数（X_4），代表着球队在球门近区 7 米区域内组织技战术的能力；快速突破进球数（X_5），代表着进攻方队员"快运—快传"等技战术组织能力；突破进球数（X_6），代表着进攻方队员持球，凭借个人能力或依赖团队组织合作的进攻能力；助攻（X_7），代表着进攻方队员之间配合的默契程度；防守反击（X_8），代表着防守方队员适时运用封堵、抢断等技术截获对方传球或射门球而迅速组织进攻的能力；6 米协防成功次数（X_9），代表着球队队员在球门近区 6 米区域与守门员的协同防守能力；边射协防成功次数（X_{10}），代表着球队员在球门两端区域与守门员的协同防守能力；9 米协防成功次数（X_{11}），代表着球队队员在球门远端 9 米区域与守门员的协同防守能力；7 米协防成功次数（X_{12}），代表着球队队员在球门近区 7 米区域与守门员的协同防守能力；对快速突破协防成功次数（X_{13}），代表着球队队员之间通过一定的防守阵型配合协助守门员减缓进攻方组织推进快攻的能力；对突破协防成功次数（X_{14}），代表着球队队员之间通过一定的防守阵型配合协助守门员破坏或干扰进攻方突破的能力。

第三节　结果与分析

一、结果

1. 宏观训练指标的科学性分析与筛选

为了明确笔者所选 14 项指标是否能评价某一支球队的比赛胜负，笔者依据 2011 年世界男子手球锦标赛各队比赛的数据进行统计学处理，即通过 Nonparametric Tests 中的 1-Sample K-S 对数据进行分布类型的检验（本检验的原假设 H_0 为各指标数据服从正态分布；备择假设 H_1 为各指标数据不服从正态分布），其各指标检验结果如表 9.1 所示。

表 9.1　筛选指标数据的单样本 Kolmogorov-Smirnov 正态检验结果一览表

组别	指标		X_1	X_2	X_3	X_4	X_5	X_6	X_7	X_8	X_9	X_{10}	X_{11}	X_{12}	X_{13}	X_{14}
胜方	N		95	95	95	95	95	95	95	95	95	95	95	95	95	95
	正态参数 a,b	均值	4.67	4.45	8.73	2.76	6.02	4.81	13.59	4.28	1.49	2.24	8.43	0.76	1.18	1.89
		标准差	2.62	2.36	3.52	1.75	2.95	4.72	4.47	2.64	1.48	1.39	3.22	1.00	1.13	1.50
	最极端差别	绝对值	0.13	0.16	0.13	0.21	0.14	0.24	0.12	0.16	0.24	0.15	0.10	0.31	0.21	0.19
		正值	0.13	0.16	0.13	0.21	0.14	0.24	0.12	0.16	0.24	0.15	0.10	0.31	0.21	0.19
		负值	-0.07	-0.09	-0.07	-0.12	-0.10	-0.18	-0.08	-0.07	-0.16	-0.13	-0.06	-0.22	-0.15	-0.11
	K-S Z		1.31	1.52	1.29	2.09	1.41	2.31	1.13	1.60	2.35	1.47	1.01	3.05	2.04	1.83
	双侧显著性		0.16	0.12	0.17	0.10	0.14	0.10	0.15	0.11	0.10	0.13	0.26	0.10	0.11	0.11

续表

组别	指标		X_1	X_2	X_3	X_4	X_5	X_6	X_7	X_8	X_9	X_{10}	X_{11}	X_{12}	X_{13}	X_{14}
负方	正态参数 a,b	均值	3.92	3.15	7.78	2.28	3.72	3.23	9.33	3.20	1.63	1.95	6.04	0.69	1.39	1.44
		标准差	2.05	1.82	3.17	1.48	2.36	1.74	3.82	2.10	1.39	1.44	2.72	0.90	1.20	1.43
	最极端差别	绝对值	0.13	0.19	0.11	0.16	0.13	0.15	0.09	0.18	0.19	0.19	0.11	0.30	0.25	0.21
		正值	0.13	0.19	0.11	0.14	0.13	0.15	0.09	0.18	0.19	0.19	0.11	0.30	0.25	0.21
		负值	−0.07	−0.10	−0.07	−0.16	−0.07	−0.09	−0.07	−0.12	−0.12	−0.12	−0.09	−0.22	−0.14	−0.16
	K–S Z		1.22	1.84	1.10	1.56	1.23	1.46	0.90	1.76	1.86	1.82	1.07	2.88	2.42	2.05
	双侧显著性		0.10	0.12	0.18	0.12	0.10	0.13	0.40	0.12	0.10	0.12	0.20	0.12	0.10	0.13

由表 9.1 可知，胜负双方的 14 项指标数据的双侧渐进显著性取值均大于或等于 0.10，故拒绝备择假设 H_1，认为胜负双方的 14 项指标数据均服从正态分布。基于以上分析，这 14 项指标数据可以进行参数检验中的 Independent-Sample T Test，其目的在于提前验证所筛选指标的科学性与客观性。检验结果如表 9.2 所示。

表 9.2　胜负双方 14 项指标的 Independent-Sample T Test 结果一览表

	胜方（$M \pm SD$）	负方（$M \pm SD$）	T 值	*Sig.*（2-tailed）	P
6 米球射门进球数	4.67 ± 12.62	2.05 ± 0.21	2.22	0.027	< 0.05
边射进球数	4.45 ± 2.36	1.89 ± 0.19	4.27	0.000	< 0.01
9 米球射门进球数	8.73 ± 3.52	7.78 ± 3.17	1.95	0.043	< 0.05
7 米球射门进球数	2.75 ± 1.75	2.28 ± 1.48	2.01	0.046	< 0.05
快速突破进球数	6.02 ± 2.95	3.72 ± 2.36	5.95	0.000	< 0.01
突破进球数	4.81 ± 4.72	3.23 ± 1.74	3.06	0.003	< 0.01
助攻	13.59 ± 4.47	9.33 ± 3.82	7.06	0.000	< 0.01
防守反击	4.28 ± 2.64	3.20 ± 2.10	3.13	0.002	< 0.01
6 米协防成功次数	1.49 ± 1.48	1.63 ± 1.39	−0.66	0.512	> 0.05
边射协防成功次数	2.24 ± 1.39	1.95 ± 1.44	1.44	0.033	< 0.05
9 米协防成功次数	8.43 ± 3.22	6.04 ± 2.72	5.53	0.000	< 0.01
7 米协防成功次数	1.76 ± 1.00	0.69 ± 0.90	0.46	0.047	< 0.05
对快速突破协防成功次数	1.68 ± 1.13	1.39 ± 1.20	−1.25	0.048	< 0.05
对突破协防成功次数	1.89 ± 1.50	1.44 ± 1.43	2.13	0.035	< 0.05

由表 9.2 可知，男子手球 14 项指标中，除球门近区 6 米区域射门进球数不具有显著性差异之外，其他 13 项指标均具有非常显著性或显著性的差异（$P < 0.05$ 或 0.01）。表明笔者所选的 14 项指标中，有 13 项指标与男子手球队比赛胜负的关系密切，而且其筛选的代表性高达 93.75%，表明这 13 项指标能够客观地反映是否能获取比赛的优胜，具有较高的可靠性与准确性。另一方面，与先前学者撰写的《对世界优秀手球队制胜规律的研究》等文章的数据相比可知，其反映制胜进攻指标的因子没有产生扩大或缩小性的转移，即球队在球门近区的 6 米区域进球数、球门两端边射区域进球数、球门远端 9 米区域进球数、球门中端 7 米区域进球数以及快攻、快速突破等方面仍然是对比赛胜负影响最大的因子；但在防守方面却发生了扩大性的转移，增加了 7 米协防成功次数与对突破协防成功次数。这些数据提示我们：一是世界男子手球强队在攻—守方式方面，已形成了综合立体精细模式，即各队都越来越注重球门前场不同区域的组织攻—守配合战术；至于 6 米协防方面，结合资料分析，各队主要采用"内突或内切"的战术组织进攻从而射门，但由于各队都比较注重对球门近区的封堵与协防，故 6 米区域的协防能力一直就不是强队制胜的法宝。二是随着手球竞技运动的发展，世界男子手球队的攻—守技战术水平已经达到了一定的高度，这也进一步表明强队与弱队之间、优势区域与弱势区域之间的竞技水平的差距越来越大。

2. 制胜微观训练指标的筛选以及函数方程的构建

（1）球队 13 项宏观训练指标之间的相关性分析

依据统计学有关判别分析的原理可知，各个变量之间应具有较弱的线性相关关系，否则就不能适用于判别分析进行处理。因此，笔者在建立可以判断球队比赛胜负的方程之前，必须检验这 13 项指标变量之间的相关性强弱，以确保判别函数式预判的准确性与稳定性。其结果如表 9.3 所示。

表 9.3　13 项宏观训练指标间的相关性分析结果一览表

指标	X_1	X_2	X_3	X_4	X_5	X_6	X_7	X_8	X_{10}	X_{11}	X_{12}	X_{13}	X_{14}
X_1	1.00	0.08	−0.11	0.07	0.07	0.00	0.42	0.08	0.01	0.15	0.14	−0.03	0.09
X_2	0.08	1.00	−0.06	0.03	0.05	0.11	0.41	0.17	0.12	0.10	0.10	−0.15	0.09
X_3	−0.11	−0.06	1.00	−0.14	0.00	−0.11	−0.04	−0.09	−0.10	0.11	−0.03	−0.17	−0.08

指标	X_1	X_2	X_3	X_4	X_5	X_6	X_7	X_8	X_{10}	X_{11}	X_{12}	X_{13}	X_{14}
X_4	0.07	0.03	−0.14	1.00	0.00	−0.01	−0.04	0.13	0.04	0.04	0.01	−0.10	0.01
X_5	0.07	0.05	0.00	0.00	1.00	0.08	0.47	0.32	0.00	0.29	0.08	0.01	0.13
X_6	0.00	0.11	−0.11	−0.01	0.08	1.00	0.13	0.08	0.05	−0.02	−0.01	0.11	−0.07
X_7	0.52	0.41	−0.04	−0.04	0.47	0.13	1.00	0.21	0.05	0.27	0.19	0.00	0.19
X_8	0.08	0.17	−0.09	0.13	0.32	0.08	0.21	1.00	−0.02	0.01	−0.02	−0.09	0.23
X_{10}	0.01	0.12	−0.10	0.04	0.00	0.05	0.05	−0.02	1.00	−0.12	−0.02	−0.01	0.01
X_{11}	0.15	0.10	0.11	0.04	0.29	−0.02	0.27	0.01	−0.12	1.00	0.03	−0.03	−0.02
X_{12}	0.14	0.10	−0.03	0.01	0.08	−0.01	0.19	−0.02	−0.02	0.03	1.00	−0.04	0.12
X_{13}	−0.03	−0.15	−0.17	−0.10	0.01	0.11	0.00	−0.09	−0.01	−0.03	−0.04	1.00	0.02
X_{14}	0.09	0.09	−0.08	0.01	0.13	−0.07	0.19	0.23	0.01	−0.02	0.12	0.02	1.00

由表9.3可知，13项宏观训练指标彼此之间相关系数的最小值与最大值在0.00~0.52之间，这充分说明经过科学筛选出的13项宏观训练指标之间呈现低度的相关性，即因子彼此间具有非常好的独立性，故这些数据适用于判别分析且具有统计学的意义；此外，这13项宏观训练指标之间呈现低相关性还可以有效降低组间检验时所产生的干扰。基于以上分析，这13项宏观训练指标非常适合进行判别分析处理，而且处理的结果非常具有客观性与准确性。

（2）判别分析前的协方差分析

对数据进行判别分析的前提是数据的协方差矩阵是否齐性或相等，各类数据协方差矩阵相等的话，就必须使用汇聚的组内矩阵进行计算与分类；反之，则必须使用分组的协方差矩阵分析。依据此原理，笔者选用Box's M协方差检验分析对各类指标的协方差矩阵进行分析，其结果如表9.4所示。

表9.4　Box's M协方差检验结果统计一览表

Box's M		110.680
F	Approx.	3.797
	df1	28.000
	df2	123158.766
	Sig.	0.000

由表9.4可知，本研究所确定的胜负两个组别的样本中，13项宏观训练技战

术指标间的 Box's M 值为 0.000，F 值为 3.797，且从 Sig.=0.000 < 0.10 显示胜负类指标的协方差矩阵不相等，从而就必须使用分组的协方差矩阵进行计算与分类，这样才符合判别函数分析的统计学意义，而且其结果才具有可靠性。

3. 制胜微观训练指标的筛出

上文中虽然对男子手球队的制胜指标进行了重新的探讨与校验，但其指标数量高达 13 项，过于庞杂，只能对我国男队以及世界男队进行宏观的指导训练，却不便于微观重点指向与参考训练。基于此，笔者运用统计学原理中的"降维"思路，对这 13 项宏观指标进行 Discriminant Analysis 处理，得出 7 项微观重点训练指标变量的标准化系数，而这 7 项变量就是对男子手球比赛胜负影响很大的关键性技术指标。其处理结果如表 9.5 所示。

表 9.5　判别方程式的标准化系数一览表

		9 米球射门进球数	7 米球射门进球数	突破进球数	助攻	防守反击	边射协防成功次数	9 米协防成功次数
Function	1	0.387	0.308	0.368	0.620	0.270	0.258	0.517

由表 9.5 可知，9 米进球数、7 米进球数、突破进球数、助攻、防守反击、边射协防成功次数、9 米协防成功次数是 13 项统计指标中对男子手球比赛胜负影响很大的 7 项指标，也就是本研究所要找出的能客观反映男子比赛制胜的关键性变量因子。

在这 7 项微观重点训练指标中，助攻、9 米球射门进球数、突破进球数、7 米球射门进球数这 4 项指标是反映进攻方面的关键性指标，且系数依次为 0.620 > 0.387 > 0.368 > 0.308。这些数据说明，一方面，世界手球强队在进攻形式上主要依靠队员之间的"传—运"助攻配合至球门外围远端 9 米区域与球门中端 7 米区域并适时进行"内突外拉或内切外拉"的战术组织进攻而射门得分，可见当今世界男子手球各队（尤其是欧洲各队）仍然是凭借天赐的高大身材，采用外围 9 米区域与内线区域配合组织的强攻技战术打法，这点从表 9.5 中的数据也可得到验证。其他 3 项指标则为反映球队防守方面的关键性指标，其系数大小排列为 9 米协防成功数次（0.517）＞防守反击（0.270）＞边射协防成功次数（0.258），这些说明世界男子手球强队非常注重对球门外围远端 9 米区域、球门近区两边区域的防守，而且世界男子手球各队都普遍地在各个区域（尤其是9米区域与球门近区两边区域）采用了攻势防守，即3-3或3-2-1的攻势防守阵型，极力阻扰和破坏各队（尤其是欧洲球队）在7-8-9米区域组织的有效战术配合的外围强攻，这点从防守反击的数据可以得到验证；再者，据官方数据显示各队在一场比赛中会依据对手的发展情况，更多地采用各种攻势防守阵型，积极运用以少防多，即在6-0或5-1基本防守阵势下适时转换为4-2、4-0-2、3-2-1、3-3等带有很强攻击性的防守阵势，可见攻势性防守是世界男子手球运动发展的一种趋势。

综合以上，中国男子队在新一轮的奥运会备战期间要紧扣上述7项微观重点指标进行有针对性的训练，同时加强球队对攻势性防守阵型的运用与演练，只有这样才能提高自身的技战术水平。

4. 7项微观重点训练指标对比赛胜负影响的权重确定

依据表9.5中的系数数据，计算出了7项微观指标的权重比例，其结果如图9.1所示。

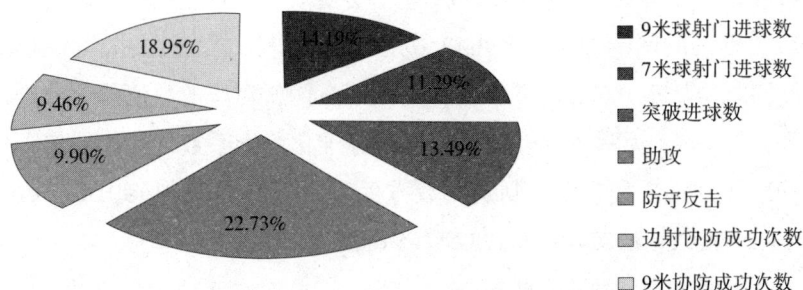

图9.1　男子手球比赛制胜7项微观训练指标的权重比例图

由图9.1可看出，这7项微观重点训练指标对男子手球比赛胜负影响的权重大小依次为助攻（22.73%）、9米协防成功次数（18.95%）、9米球射门进球数（14.19%）、突破进球数（13.49%）、7米球射门进球数（11.29%）、防守反击（9.90%）、边射协防成功次数（9.46%）。

5. 构建判别函数方程

（1）制胜微观训练指标的方程的构建

基于上述分析，笔者通过SPSS15.0 for Windows软件平台，对13项宏观训练指标进行判别处理，其结果如表 9.6 所示。

表 9.6　7 项微观技术指标的判别函数系数一览表

制胜关键性因子	Function
9 米球射门进球数（A1）	0.1155
7 米球射门进球数（A2）	0.1901
突破进球数（A3）	0.1034
助攻（A4）	0.1491
防守反击（A5）	0.1130
边射协防成功次数（A6）	0.1827
9 米协防成功次数（A7）	0.1737
（Constant）	−5.6203

注：Unstandardized coefficients。

　　由表 9.6 可知，通过判别处理后，从 13 项指标因子中筛选出了 7 项制胜关键性的因子，它们分别是 9 米球射门进球数、7 米球射门进球数、突破进球数、助攻、防守反击、边射协防成功次数、9 米协防成功次数。这 7 项因子对男子手球比赛胜负判别的影响性很大，可以说是球队取得比赛优胜的关键性技战术因素。与此同时，从表 9.6 可以看出，每个因子右侧所对应的数值即为分类函数方程的系数，Constant 为常数。因此，依据未标准化判别系数，构建了男子比赛胜负的非标准化判别方程，即：判别函数方程为 $D=0.1155A1+0.1901A2+0.1034A3+0.1491A4+0.1130A5+0.1827A6+0.1737A7-5.6203$"。

　　（2）胜负两类别函数重心坐标

　　依据判别分析相关知识可知，各类别重心坐标在判别分析区域中起着判别不同组别标准的统计学意义，即在一张判别散点图中区分胜负两类别之间的分界点与范围。基于此，经统计得出组质心处的函数表格，如表 9.7 所示。

表 9.7　胜负组质心处的函数一览表

组别	Function
	1
胜方	0.795
负方	−0.795

注：Unstandardized canonical discriminant functions evaluated at group means。

由表 9.7 可知，组质心处的函数结果给出了胜负两类别的重心在平面上的坐标，即男子手球比赛获胜时的函数重心为 0.795，这说明判别方程构建后，将有代表性的指标代入函数关系式中，越接近 0.795 这个数值，那获得比赛优胜的可能性就越大；反之，越接近 –0.795，则比赛失败的可能性就越大。

二、 分析与运用

1. 判别函数方程准确性的分析

构建出了判别方程后，下一步就是对方程的准确性的检验，即判别效率高低的验证。依据判别分析对原始数据的处理得到表 9.8。

表 9.8　判别分类结果（a）情况一览表

			组别	Predicted Group Membership		Total
				胜方	负方	
内带检验（2011 年）	Original	Count	胜方	90	5	95
			负方	6	89	95
		%	胜方	94.74%	5.26%	100%
			负方	6.52%	93.68%	100%
外带检验（2013 年）	Original	Count	胜方	79	5	84
			负方	6	78	84
		%	胜方	94.05%	5.95%	100%
			负方	7.14%	92.86%	100%

注：a.94.21% and 93.45% of original grouped cases correctly classified。

由表 9.8 可知，方程 $D=0.1155A1+0.1901A2+0.1034A3+0.1491A4+0.1130A5+0.1827A6+0.1737A7-5.6203$ 对比赛胜、负的影响分别高达 94.74% 和 93.68%，胜负两者结合可知，对比赛胜负一致性判断准确率高达 94.21%，尤其是对球队比赛获胜的判断准确性高达近 95%。与此同时，为了进一步地验证其准确性，笔者将 2013 年世界男子手球各队的比赛数据代入判别方程 $D=0.1155A1+0.1901A2+0.1034A3+0.1491A4+0.1130A5+0.1827A6+0.1737A7-5.6203$ 中，结果显示判别球队比赛优胜的函数方程的外带样本检验验证的准确率也达到了 93% 以上。这充分说明，笔者运用判别分析所构建的函数方程，对预测世界男子手球队在比赛中的胜负结构具有很高的准确性。

2. 判别函数方程预判实际操作流程与应用阐述

通过对男子 13 项宏观指标数据的判别分析得出的方程 $D=0.1155A1+0.1901A2+0.1034A3+0.1491A4+0.1130A5+0.1827A6+0.1737A7-5.6203$，适合于所有的男子手球队的比赛。其操作流程如下：在实际的运用中，将球队比赛时所表现出来的 9 米球射门进球数、7 米球射门进球数、突破进球数、助攻、防守反击、边射协防成功次数、9 米协防成功次数这 7 项因子数据，录入方程求出 D 值，然后，将实际的 D 值与表 9.7 中各组质心处的函数重心值进行对比，如果所得 D 为正值且与胜的 0.795 值接近，即可判定该球队获得比赛的优胜；反之，假如 D 为负值且与负的 -0.795 值接近，即可判定该球队获得比赛的失败。此外，值得注意的是在判别函数方程实际操作的运用过程中，变量的非标准化系数的大小与判别函数方程准确性的影响大小成正比，这点提示我们，从事手球项目的教练员在安排训练时，要分清主次，权衡不同训练方法、手段等对这 7 项微观性因子的影响效果，从而达到科学诊断球队技战术整体实力的目的。

3. 男子手球队 7 项微观重点训练指标评估法的建立与运用

依据统计学原理中正态分布理论在制定考核标准中的评定方法以及文献资料，笔者将 7 项微观重点训练指标数据的评估等级定义为优秀、良好、中等、及格、不及格 5 个等级，其各个等级比例依次设置为 10%、20%、40%、20%、10%。此外，为了使等级设置更为客观与准确，笔者又对 12 位统计学的专家进行了访谈，其结果如表 9.9 所示。

表 9.9　男子 7 项微观重点训练指标评估 5 等级适用性专家访谈结果一览表

类别	适用性等级					合计
	非常适用	适用	较适用	一般适用	不适用	
人数	5	4	2	1	0	12
比例	41.67%	33.33%	16.67%	8.33%	0.00%	100.00%

表 9.9 显示，12 位专家对笔者设置的 7 项指标数据评估 5 等级以及各等级的比例，认为非常适用于研究的有 5 人，适用于研究的有 4 人，较适用的有 2 人，

一般适用的 1 人，不适用的 0 人，这说明，男子手球队 7 项制胜关键因子的评估 5 等级具有较好的客观性与准确性，即客观地评价出男子手球各队的参赛实力情况。

基于以上分析，依据优秀、良好、中等、及格、不及格 5 个等级的比例配置，将各队 95 场次比赛结果的 7 项指标数据（上述已验证了这 7 项指标是服从正态分布的，故可以进行 T 分布计算）按照 T 分布进行计算，从而得出 7 项指标评价标准。其计算结果如表 9.10 所示。

表 9.10　男子手球队 7 项微观重点训练评估等级标准一览表

指标	优秀	良好	中等	及格	不及格
9 米球射门进球数	$X \geqslant 15$	$15 > X \geqslant 12$	$12 > X \geqslant 9$	$9 > X \geqslant 6$	$6 > X \geqslant 3$
7 米球射门进球数	$X \geqslant 6$	$6 > X \geqslant 4$	$4 > X \geqslant 3$	$3 > X \geqslant 1$	$= 0$
突破进球数	$X \geqslant 13$	$13 > X \geqslant 9$	$9 > X \geqslant 5$	$5 > X \geqslant 1$	$= 0$
助攻	$X \geqslant 21$	$21 > X \geqslant 17$	$17 > X \geqslant 14$	$14 > X \geqslant 10$	$10 > X \geqslant 6$
防守反击	$X \geqslant 9$	$9 > X \geqslant 7$	$7 > X \geqslant 4$	$4 > X \geqslant 2$	$= 0$
边射协防成功次数	$X \geqslant 5$	$5 > X \geqslant 3$	$3 > X \geqslant 2$	$2 > X \geqslant 1$	$= 0$
9 米协防成功次数	$X \geqslant 14$	$14 > X \geqslant 11$	$11 > X \geqslant 8$	$8 > X \geqslant 6$	$6 > X \geqslant 3$

表 9.10 显示了男子手球队 7 项微观重点训练指标的等级评定阈值范围，因此，世界各男子手球队尤其是中国队，可以参照表 9.10 与上述构建的判别函数方程，对本队的参赛实力情况进行定量的评价与分析，从而为本队的竞技情况做出科学的诊断，以便在训练、比赛中做出科学的调整与改进。

4. 男子手球队 7 项微观重点训练指标评估法的运用与检验

为了检验 7 项微观重点训练指标评估法的客观性与科学性，笔者选取了 2013 年世界男子锦标赛的 24 支队伍的数据，作为对评估法的验证，即校验这 24 支队伍的 7 项指标实力评估的排名是否与 2013 年世界锦标赛上各队的排名一致。将各队的 7 项实力指标与判别胜负 7 项指标的权重比例结合计算，其结果如表 9.11 所示。

表 9.11　2013 年世界男子锦标赛 24 支队伍 7 项微观训练指标

评估法排名与实赛排名对比一览表

实际排名		7 项指标							实力评估得分	评估排名	
		A1	A2	A3	A4	A5	A6	A7			
1	西班牙	及格	及格	中等	中等	优秀	及格	及格	8.5759	1	西班牙
2	丹麦	中等	中等	及格	良好	不及格	中等	及格	8.0567	3	克罗地亚
3	克罗地亚	及格	中等	中等	及格	优秀	良好	及格	7.8714	2	丹麦
4	斯洛维尼亚	及格	良好	中等	及格	良好	及格	中等	7.0087	4	斯洛维尼亚
5	德国	及格	及格	及格	及格	不及格	中等	及格	6.9851	7	俄罗斯
6	法国	及格	良好	及格	及格	中等	及格	及格	6.8757	5	德国
7	俄罗斯	中等	及格	及格	及格	不及格	及格	及格	6.8331	6	法国
8	匈牙利	及格	中等	及格	及格	优秀	中等	中等	6.6386	8	匈牙利
9	波兰	及格	及格	及格	及格	优秀	中等	中等	6.592	9	波兰
10	塞尔维亚	中等	中等	及格	及格	优秀	及格	及格	6.5845	10	塞尔维亚
11	突尼斯	中等	及格	及格	不及格	中等	及格	不及格	6.5145	11	突尼斯
12	冰岛	及格	良好	及格	中等	良好	及格	及格	6.4886	14	马其顿
13	巴西	中等	及格	中等	中等	不及格	中等	不及格	6.4594	16	埃及
14	马其顿	及格	中等	及格	及格	中等	及格	及格	6.4503	13	巴西
15	白俄罗斯	中等	中等	不及格	优秀	中等	及格	不及格	6.4317	15	白俄罗斯
16	埃及	及格	及格	中等	不及格	优秀	及格	不及格	6.4132	12	冰岛
17	阿尔及利亚	及格	中等	及格	及格	优秀	及格	不及格	6.2188	17	阿尔及利亚
18	阿根廷	及格	中等	及格	不及格	中等	及格	中等	6.158	18	阿根廷
19	沙特阿拉伯	中等	良好	及格	不及格	优秀	良好	及格	5.9777	19	沙特阿拉伯
20	卡塔尔	中等	中等	中等	及格	良好	良好	不及格	5.9082	20	卡塔尔
21	韩国	中等	中等	及格	及格	优秀	中等	中等	5.6054	21	韩国
22	黑山	中等	及格	及格	不及格	及格	良好	中等	5.5962	22	黑山
23	智利	及格	中等	中等	不及格	优秀	中等	不及格	5.4294	23	智利
24	澳大利亚	及格	及格	及格	补及格	优秀	良好	不及格	5.0188	24	澳大利亚

　　由表 9.11 可知，通过 7 项微观训练指标评估法得出的结果与 2013 年各队比赛最终的实际排名高度一致，除丹麦、克罗地亚、德国、冰岛、马其顿、俄罗斯与排名不符合以外，其他各队的 7 项微观训练指标评估排名与其实际的比赛排名顺序几乎一致，这充分说明，男子手球队 7 项制胜关键因子的评估 5 等级对评价世界各国男子手球队的实力情况具有较好的可靠性与准确性，此外在日后的比赛中如遇到上述球队，则可以参照上述各队的指标进行有针对性的技战术安排。

第四节　结论与建议

一、结论

1. 首次选用了较为全面的数据来研究对世界男子手球比赛胜负有影响的宏观重要指标，其指标共有 13 项，分别是 6 米球射门进球数、边射进球数、9 米球射门进球数、7 米球射门进球数、快攻进球数、突破进球数、助攻、防守反击、边射协防成功次数、9 米协防成功次数、7 米协防成功次数、对快攻协防成功次数、对突破协防成功次数，这些指标为以后的男子手球训练安排提供了一种新型可行的方法。

2. 通过判别分析筛选出 9 米球射门进球数、7 米球射门进球数、突破进球数、助攻、防守反击、边射协防成功次数、9 米协防成功次数这 7 项男子手球队微观训练的技战术指标对球队比赛的优胜影响最大，提示这 7 项指标是我国乃至世界各国男子手球队教练员指导运动员在训练时要特别关注的。

3. 通过判别分析所筛选出的制胜关键 7 因子（即 9 米球射门进球数、7 米球射门进球数、突破进球数、助攻、防守反击、边射协防成功次数、9 米协防成功次数）所构建的方程 $D=0.1155A1+0.1901A2+0.1034A3+0.1491A4+0.1130A5+0.1827A6+0.1737A7-5.6203$，对于预测各男子手球队的比赛胜负具有非常高的准确性，其准确率高达 94% 以上，其外带检验准确率也高达 93% 以上。

4. 以制胜关键性 7 因子为依据，科学地建立了男子手球队实力评估等级的阈值数据，从而可以使教练员、运动员对本队的参赛实力情况进行定量评价与分析，及时地对本队的竞技情况做出科学的诊断，以便在训练、比赛中做出科学的调整与改进。

二、建议

从事手球运动的教练员、运动员可以参照 9 米球射门进球数、7 米球射门进球数、突破进球数、助攻、防守反击、边射协防成功次数、9 米协防成功次数这 7 项制胜因子在预判方程中的系数大小来安排训练的时间、内容、方法等。

第十章
世界女子手球队宏观与微观训练指标体系的构建与运用

【提要】运用文献资料法、数理统计法等主要方法，对世界女子手球锦标赛各队比赛数据进行统计分析，其目的在于试图构建世界优秀女子手球队临场技战术能力的评估方程，从而为女子手球队的训练、比赛等提供相应的决策。研究结果显示：①对世界女子手球比赛胜负影响较大的宏观训练指标共有 15 项，分别是 6 米球射门进球数、边射进球数、7 米球射门进球数、快速突破进球数、突破进球数、助攻失误、防守反击、封堵、6 米协防成功次数、边射协防成功次数、9 米协防成功次数、7 米协防成功次数、对快速突破协防成功次数、对突破协防成功次数，这些指标对我国女队的训练起着间接性、整体性、超前性的宏观指导作用；②通过判别分析，筛选出了 7 项微观重点训练指标，这 7 项指标就是当前对女子手球比赛胜负或训练效率影响最大的关键性技术指标，即 6 米球射门进球数、边射进球数、快速突破进球数、突破进球数、9 米协防成功次数、7 米协防成功次数、对突破协防成功次数，对球队的比赛或训练起着直接性、指向性、时效性的作用；③依据 7 项微观重点训练指标所构建的方程，对于赛前预测各女子手球队的参赛实力诊断提供了较为可靠的理论参数，其准确率高达近 96%，其外带检验准确率也高达 92% 以上。研究建议：宏观训练指标有助于把握球队整体技战术的发展方向，微观重点训练指标有助于把握当前女子手球队获取比赛优胜的技战术能力，我国女子手球队只有将宏观训练指标与微观重点训练指标相结合，才能有效地提高自己的综合竞争能力。

第一节　概　述

手球世界锦标赛作为女子手球运动项目的最高比赛之一，它代表着世界手球技战术的发展水平，对笔者的研究具有非常重要的参考价值。基于此，我们在探讨当今女子手球队获取比赛胜利的众多指标时，哪些是对球队比赛胜负影响较大的宏观训练指标？哪些是对球队影响最大的微观训练指标？而这些指标正是我国女队乃至世界女队在训练中所必须依赖的核心导向。宏观训练指标可以对球队的整个训练过程形成具有宏观控制作用的指导意义，而微观训练指标可以对球队的某几个专项训练重点起到具有针对性的指导意义；宏观训练指标具有间接性、整体性、超前性的特征，而微观训练指标具有直接性、指向性、时效性的特征。基于以上分析，笔者查阅了近 10 年手球技战术方面的有关资料，发现目前女子手球制胜方面的相关文献仅 10 余篇，且这些文献中所列出的制胜指标并没有提出宏观与微观训练指标的概念，以及随着项目的发展，这些制胜指标已然失去了时效性和对当前中国女队乃至世界女队训练与比赛的指导、参考意义。因此，笔者认为有必要对其进行重新的审视与研究，找出对世界女子手球队训练、比赛起着宏观与微观指导意义的理论指标参数，从而为教练员诊断球队的状态以及适时调整训练内容等提供一定理论参数。

第二节　研究对象与方法

一、研究对象

以 2011 年世界女子手球锦标赛各队共 88 场比赛数据为方程建立依据；以 2013 年女子手球锦标赛的比赛数据为回带判别方程的检验数据。

二、研究方法

1. 文献资料法

通过中国知网等平台，检索并收集有关手球比赛方面的文献资料40篇，确定对女子手球比赛制胜因素指标数据、研究技术手段等；与此同时，未检索到与本研究雷同的报道。

2. 数理统计法

（1）数据的整理：在国际手球联合会网站获取2011年世界女子手球锦标赛各队比赛相关指标并分类汇总。

（2）将统计汇总所得的指标数据录入SPSS15.0 for Windows软件，进行Correlate、Discriminant Analysis等。

3. 对比分析法

对处理—分析后的数据结果进行有益的研究，以便探讨当今女子手球队技战术实力情况。

4. 专家访谈法

本研究涉及的相关问题（如等级的划分、指标的确定等），对12名国内相关统计学专家进行了访谈，这为本研究的顺利开展提供了有力的支撑。

5. 统计指标说明

世界手球锦标赛为女子手球比赛的最高赛事，在每次比赛后都会公布各队比赛的统计数据，为了更为客观地、准确地运用判别分析筛选出有用的指标，建立判别方程关系式，在代入指标数据分析前，必须对指标数据进行科学的取舍，这样才能使本研究更为准确。基于此，笔者依据国内外手球运动的文献资料，并结合国际手联官方给出的技战术信息等，最终确定的对比赛胜负有直接影响的研究指标为：6米球射门进球数（X_1），代表着球队在球门近区6米区域内组织技战术的能力；边射进球数（X_2），代表着球队在球门两边组织技战术的能力；9米球射门进球数（X_3），代表着球队在球门远端组织技战术的能力；7米球射门进球数（X_4），代表着球队在球门近区7米区域内组织技战术的能力；快速突破进球数（X_5），代表着进攻方队员"快运—快传"等技战术组织能力；突破进球数（X_6），代表着进攻方队员持球，凭借个人能力或依赖团队组织合作的进攻能力；助攻（X_7），代表着进攻方队员之间配合的默契程度；失误（X_8），指的是进攻方在组织进攻时传—运配合间的失误程度；防守反击（X_9），代表着防守方队员适时运用封堵、抢断等技术截获对方传球或射门球而迅速组织进攻的能力；封堵（X_{10}），指的是防守方在阵地防守时，非守门员积极配合守门员，将有威胁的传球或射门提前破坏掉并适时创造反击机会的能力；6米协防成功次数（X_{11}），代表着球队队员在球门近区6米区域与守门员的协同防守能力；边射协防成功次数（X_{12}），代表着球队队员在球门两端区域与守门员的协同防守能力；9米协防成功次数（X_{13}），代表着球队队员在球门远端9米区域与守门员的协同防守能力；7米协防成功次数（X_{14}），代表着球队队员在球门近区7米区域与守门员的协同防守能力；对快速突破协防成功次数（X_{15}），代表着球队队员之间通过一定的防守阵型配合协助守门员减缓进攻方组织推进快攻的能力；对突破协防成功次数（X_{16}），代表着球队队员之间通过一定的防守阵型配合协助守门员破坏或干扰进攻方突破的能力。

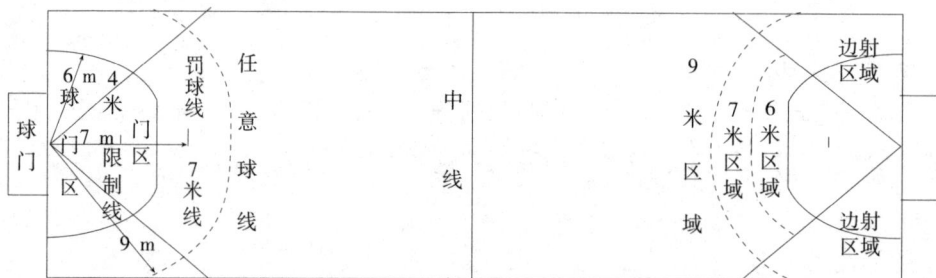

图 10.1　比赛场地区域的划分图

第三节　结果与分析

一、结果

1. 宏观训练指标的科学性分析与筛选

　　为了明确笔者所选 16 项指标是否能评价某一支球队的比赛胜负，是否能对球队的训练起到宏观向导意义，笔者依据 2011 年世界女子手球锦标赛各队比赛的数据进行统计学处理，即通过 Nonparametric Tests 中的 1–Sample K–S 对数据进行分布类型的检验（本检验的原假设 H_0 为各指标数据服从正态分布；备择假设 H_1 为各指标数据不服从正态分布），其各指标检验结果如表 10.1 所示。

表 10.1　筛选指标数据的单样本 Kolmogorov–Smirnov 正态检验结果一览表

组别	指标		X_1	X_2	X_3	X_4	X_5	X_6	X_7	X_8	X_9	X_{10}	X_{11}	X_{12}	X_{13}	X_{14}	X_{15}	X_{16}
	N		88	88	88	88	88	88	88	88	88	88	88	88	88	88	88	88
胜方	正态参数	M	9.36	4.07	4.76	3.22	7.92	2.19	16.53	16.50	5.26	4.01	4.30	2.31	5.91	0.65	0.76	0.45
		SD	4.23	2.39	3.13	1.92	5.22	2.31	6.53	4.73	3.05	2.95	2.97	1.64	3.45	0.87	0.93	0.77
	最极端差别	Ab	0.17	0.17	0.13	0.15	0.13	0.22	0.12	0.11	0.14	0.17	0.15	0.18	0.11	0.31	0.28	0.40
		P	0.17	0.17	0.13	0.15	0.13	0.22	0.12	0.11	0.14	0.17	0.15	0.18	0.11	0.31	0.28	0.40
		N	−0.08	−0.09	−0.07	−0.08	−0.08	−0.17	−0.05	−0.07	−0.08	−0.09	−0.11	−0.13	−0.06	−0.23	−0.21	−0.28
	K–S Z		1.57	1.60	1.22	1.38	1.22	2.06	1.16	1.03	1.28	1.61	1.37	1.65	1.01	2.87	2.64	3.79
	显著性		0.11	0.21	0.10	0.14	0.10	0.20	0.14	0.24	0.18	0.31	0.15	0.11	0.26	0.14	0.10	0.12
负方	正态参数	M	6.70	2.63	4.97	2.66	2.77	1.51	9.57	20.28	3.75	1.51	3.48	1.70	3.08	0.49	1.23	0.30
		SD	3.18	1.88	3.20	1.67	1.95	1.76	5.05	6.57	2.18	1.45	2.17	1.45	2.50	0.64	1.34	0.71
	最极端差别	Ab	0.11	0.18	0.13	0.12	0.15	0.20	0.10	0.10	0.12	0.22	0.14	0.19	0.14	0.37	0.21	0.48
		P	0.11	0.18	0.12	0.12	0.15	0.20	0.10	0.10	0.12	0.22	0.14	0.14	0.14	0.37	0.21	0.48
		N	−0.06	−0.10	−0.09	−0.12	−0.08	−0.20	−0.06	−0.07	−0.09	−0.15	−0.10	−0.12	−0.11	−0.22	−0.18	−0.34
	K–S Z		1.02	1.65	1.24	1.12	1.38	1.90	0.98	0.96	1.15	2.04	1.30	1.75	1.35	3.44	1.94	4.49
	显著性		0.24	0.11	0.19	0.16	0.14	0.10	0.29	0.32	0.14	0.10	0.15	0.17	0.11	0.18	0.16

由表 10.1 可知，胜负双方的 16 项指标数据的双侧渐进显著性 P 均大于或等于 0.10，故拒绝备择假设 H_1，认为胜负双方的 16 项指标数据均服从正态分布或近似正态分布。基于以上分析，这 16 项指标数据可以进行参数检验中的 Independent-Sample T Test，其目的在于提前验证所筛选指标的科学性与客观性。检验结果如表 10.2 所示。

表 10.2　胜负双方 16 项指标的 Independent-Sample T Test 结果一览表

	胜方（$M \pm$ SD）	负方（$M \pm$ SD）	T 值	Sig.（2-tailed）	P
6 米球射门进球数	9.36 ± 4.23	6.70 ± 3.18	4.71	0.000	< 0.01
边射进球数	4.07 ± 2.39	2.63 ± 1.88	4.46	0.000	< 0.01
9 米球射门进球数	4.76 ± 3.13	4.97 ± 3.20	−0.43	0.674	> 0.05
7 米球射门进球数	3.21 ± 1.92	2.66 ± 1.67	2.05	0.042	< 0.05
快速突破进球数	7.92 ± 5.22	2.77 ± 1.95	8.67	0.000	< 0.01
突破进球数	2.19 ± 2.31	1.51 ± 1.76	2.20	0.028	< 0.05
助攻	16.53 ± 6.53	9.57 ± 5.05	7.92	0.000	< 0.01
失误	16.50 ± 4.73	20.28 ± 6.57	−4.38	0.000	< 0.01
防守反击	5.26 ± 3.05	3.75 ± 2.18	3.78	0.000	< 0.01
封堵	4.01 ± 2.94	1.51 ± 1.45	7.14	0.000	< 0.01
6 米协防成功次数	4.30 ± 2.97	3.48 ± 2.17	2.09	0.039	< 0.05
边射协防成功次数	2.31 ± 1.64	1.70 ± 1.45	2.58	0.009	< 0.05
9 米协防成功次数	5.91 ± 3.45	3.08 ± 2.50	6.23	0.000	< 0.01
7 米协防成功次数	0.65 ± 0.87	0.49 ± 0.64	1.38	0.049	< 0.05
对快速突破协防成功次数	0.76 ± 0.93	1.23 ± 1.34	−2.68	0.007	< 0.05
对突破协防成功次数	0.45 ± 0.77	0.30 ± 0.71	1.42	0.049	< 0.05

由表 10.2 可知，女子手球 16 项指标中，除 9 米球射门进球数不具有显著性差异之外，其他 15 项指标均具有非常显著性或显著性的差异（$P < 0.05$ 或 0.01）。表明笔者所选的 16 项指标中，有 15 项指标与女子手球队比赛胜负的关系密切，而且其筛选的代表性高达 93.75%，表明这 15 项指标是具有宏观指导意义的，能够客观地反映女子手球获取比赛优胜的整体性效果，且这些指标具有较高的可靠性与准确性。另一方面，与先前学者撰写的《对世界优秀手球队制胜规律的研究》等文章的数据相比可知，其制胜指标因子已经发生了扩大性的转移，即进攻方面增加了 6 米球射门进球数、边射进球数、7 米球射门进球数，而外围远端的

9 米球射门进球数已不是造成胜负影响最大的因子了，防守方面增加了 6 米协防成功次数、7 米协防成功次数、对突破协防成功次数。这些数据提示我们：一是世界女子手球强队的攻—守方式正由单一粗糙配合模式逐渐走向综合立体精细模式的进攻—防守趋势，即各队都越来越注重球门近区 6 米至 7 米以及球门左、右两边区域的组织攻—守配合战术。至于 9 米远射，结合资料分析，各队主要采用"内突外拉或内切外拉"的战术组织进攻从而射门，但由于各队都比较注重远端的封堵与协防，故 9 米区域的进攻能力已不再是强队制胜的法宝，这点值得中国女队注意。此外，从快速突破进球数、突破进球数、助攻、失误 4 项指标数据可以看出，比赛的推进速度较以往在不断加快，快速而灵活高效的进攻战术已成为世界女子手球强队的发展趋势，尤其是欧洲球队，相比之下，中、远距离超越防守球员高举高打的"跳射"进攻越来越难以奏效，这点又进一步验证了远射不再时尚，风行、快速、灵活并结合力量已成为时尚与发展趋势，这点也是值得中国女队重视与借鉴的。二是预示着随着手球竞技运动的发展，世界女子手球队的水平正在逐步形成强弱分明的两极分化的趋势，即强队与弱队之间、优势区域与弱势区域之间的竞技水平的差距有着越来越大的发展趋势。

2. 制胜微观训练指标的筛选以及函数方程的构建

（1）球队 15 项宏观训练指标之间的相关性分析

依据统计学有关判别分析的原理可知，各个变量之间应具有较弱的线性相关关系，否则就不能适用于判别分析进行处理。因此，笔者在建立可以判断球队比赛胜负的方程之前，必须检验这 15 项宏观训练指标变量之间的相关性强弱，以确保判别函数式预判的准确性与稳定性。其结果如表 10.3。

表 10.3 15 项宏观训练指标间的相关性分析结果一览表

指标	X_1	X_2	X_4	X_5	X_6	X_7	X_8	X_9	X_{10}	X_{11}	X_{12}	X_{13}	X_{14}	X_{15}	X_{16}
X_1	1.00	0.09	-0.13	0.30	-0.05	0.39	-0.20	0.33	0.26	0.23	0.17	0.11	-0.12	-0.11	-0.02
X_2	0.09	1.00	0.16	0.06	-0.02	0.42	-0.23	0.12	0.08	0.00	0.21	0.14	0.03	-0.09	0.02
X_4	-0.13	0.16	1.00	0.07	0.02	0.22	-0.20	-0.07	0.04	-0.01	-0.09	0.21	0.02	-0.15	0.15
X_5	0.30	0.06	0.07	1.00	0.15	0.65	-0.24	0.49	0.57	0.21	0.15	0.36	0.01	-0.21	1.00
X_6	-0.05	-0.02	0.02	0.15	1.00	-0.06	-0.17	0.06	0.16	0.22	0.13	-0.15	0.14	-0.06	-0.06
X_7	0.39	0.42	0.22	0.65	-0.06	1.00	-0.46	0.35	0.44	0.13	0.21	0.43	-0.08	-0.32	0.49
X_8	-0.20	-0.23	-0.20	-0.24	-0.17	-0.46	1.00	-0.12	-0.23	0.02	-0.07	-0.29	0.05	0.52	0.57

续表

指标	X_1	X_2	X_4	X_5	X_6	X_7	X_8	X_9	X_{10}	X_{11}	X_{12}	X_{13}	X_{14}	X_{15}	X_{16}
X_9	0.33	0.12	-0.07	0.49	0.06	0.35	-0.12	1.00	0.31	0.09	0.01	0.09	0.08	-0.14	0.21
X_{10}	0.26	0.08	0.04	0.57	0.16	0.44	-0.23	0.31	1.00	0.10	0.15	0.42	0.01	-0.23	0.15
X_{11}	0.23	0.00	-0.01	0.21	0.22	0.13	0.02	0.09	0.10	1.00	0.09	-0.10	0.00	0.12	0.10
X_{12}	0.17	0.21	-0.09	0.15	0.13	0.21	-0.07	0.01	0.15	0.09	1.00	-0.01	0.02	-0.09	0.15
X_{13}	0.11	0.14	0.21	0.36	-0.15	0.43	-0.29	0.09	0.42	-0.10	-0.01	1.00	-0.13	-0.20	0.42
X_{14}	-0.12	0.03	0.02	0.01	0.14	-0.08	0.05	0.08	0.01	0.00	0.02	-0.13	1.00	0.02	0.01
X_{15}	-0.11	-0.09	-0.15	-0.21	-0.06	-0.32	0.52	-0.14	-0.23	0.12	-0.09	-0.20	0.02	1.00	0.33
X_{16}	-0.07	0.49	0.06	0.35	0.13	0.21	-0.07	0.02	0.01	0.14	-0.08	0.16	0.06	0.16	1.00

由表 10.3 可知，经过科学筛选出的 15 项宏观训练指标之间的相关度范围在 0.01 ~ 0.52 之间不等，故呈现低度的相关性。说明指标彼此间具有非常好的独立性，而且 15 项宏观训练指标之间呈现低相关性还可以有效降低组间检验所产生的干扰。基于以上分析，这 15 项宏观训练指标非常适合进行判别分析处理，而且处理的结果具有非常好的客观性与准确性。

（2）判别分析前的协方差分析

对数据进行判别分析的前提是数据的协方差矩阵是否齐性或相等，各类数据协方差矩阵相等的话，就必须用汇聚的组内矩阵进行计算与分类；反之，就必须使用分组的协方差矩阵分析。依据此原理，笔者选用 Box's M 协方差检验分析对各类指标的协方差矩阵进行分析，其结果如表 10.4 所示。

表 10.4   Box's M 协方差检验结果统计一览表

Box's M		122.82
F	Approx.	5.63
	df1	21.00
	df2	111355.08
	Sig.	0.00

由表 10.4 可知，本研究所确定的胜负两个组别的样本中，15 项宏观训练技战术指标间的 Box's M 值为 0.000，F 值为 5.63，且从 Sig=0.000 < 0.10 显示胜负类指标的协方差矩阵不相等，从而就必须使用分组的协方差矩阵进行计算与分类，这样才符合判别函数分析的统计学意义。

3. 制胜微观训练指标的筛出

上文中虽然对女子手球队的制胜指标进行了重新的探讨与校验，得出了 15 项宏观训练指标，但这些指标只能对我国女队以及世界女队进行宏观的训练指导，却不便于微观重点指向与参考训练。基于此，笔者运用统计学原理中的"降维"思路，对这 15 项宏观训练指标进行 Discriminant Analysis 处理，得出 7 项微观重点训练指标变量的标准化系数，而这 7 项变量就是对女子手球比赛胜负或训练效率影响很大的关键性技术指标。其处理结果如表 10.5 所示。

表 10.5　判别方程式的标准化系数一览表

		6 米球射门进球数	边射进球数	快速突破进球数	突破进球数	9 米协防成功次数	7 米协防成功次数	对突破协防成功次数
Function	1	0.396	0.404	0.574	0.256	0.535	0.278	0.247

由表 10.5 可知，在这 7 项微观重点训练指标中，快速突破进球数、边射进球数、6 米球射门进球数、突破进球数这 4 项指标是反映进攻方面的关键性指标，且系数依次为 0.574 > 0.404 > 0.396 > 0.256。这些数据说明：一方面，世界手球强队在进攻形式上，改变了以往一场比赛阵地进攻与快攻 4:1 或 3:1 的技战术打法，取而代之的是以快攻、快速突破为主的打法，其值略高于 6 米与边射区域阵地进攻 0.3 个点，这点从表 10.5 的数据就可以验证到；另一方面，将数据与相关视频、资料结合可知，世界强队尤其是欧洲强队中，凭借天赐的高大身材，采用外围 9 米区域组织强攻的技战术配合已不再风靡了，相对应的是在球门外围通过队员之间快速灵活的突分、传切、掩护、策应等精细的小组技战术以及力量结合速度的综合化打法为主，这点从表 10.5 中的数据也可得到验证。此外，其他 3 项指标则为反映球队防守方面的关键性指标，其系数大小排列为 9 米协防成功次数（0.535）> 7 米协防成功次数（0.278）>对突破协防成功次数（0.247），这些说明世界女子手球强队非常注重球门外围远端 9 米区域、中端 7 米区域以及威胁性较大的快速突破的防守，而且从侧面提示我们这些区域仍然是世界各队进攻得分主要区域，只是强队与弱队之间没有较大差异；进一步结合视频与资料分析可知，世界女子手球各队都普遍地在 9 米区域与 7 米区域采用攻势防守，即 3-3 或 3-2-1 的攻势防守阵型，极力阻扰和破坏各队（尤其是欧洲球队）在

7-8-9米区域组织的有效战术配合的外围强攻；再者，据官方数据显示各队在一场比赛中会依据对手的发展情况，更多地采用各种攻势防守阵型，积极运用以少防多，即在6-0或5-1基本防守阵势下适时转换为4-2、4-0-2、3-2-1、3-3等带有很强攻击性的防守阵势，可见攻势性防守是世界女子手球运动发展的一种趋势。

综合以上，中国女手球队在新一轮的奥运会备战期间，要紧紧围绕这7项微观重点指标进行有针对性的训练，同时加强球队对攻势性防守阵型的运用与演练，只有这样才能提高自身的技战术水平。

4.7项微观重点训练指标对比赛胜负影响的权重确定

依据表10.5中的系数数据，计算出了7项微观指标的权重比例，其结果如图10.2所示。

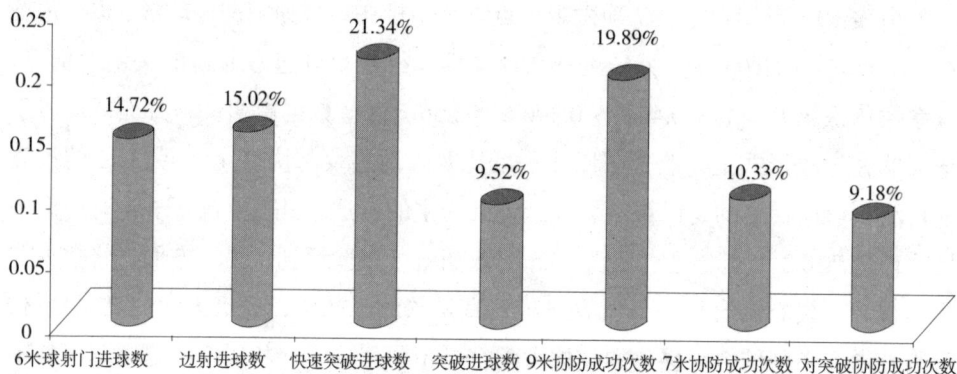

图10.2 女子手球比赛制胜7项微观训练指标的权重比例图

由图10.2可看出，这7项微观技术指标对女子手球比赛胜负影响的权重大小依次为快速突破进球数、9米协防成功次数、边射进球数、6米球射门进球数、7米协防成功次数、突破进球数以及对突破协防成功次数，其权重值依次为21.34%、19.89%、15.02%、14.72%、10.33%、9.52%和9.18%。基于以上分析，从事手球的教练员、运动员可以参照上述比例对球队进行微观状态诊断，从而客观地评价出球队掌握当前世界女子手球队获取比赛优胜的能力情况。

5. 构建判别函数方程

（1）制胜微观训练指标的方程的构建

基于上述分析，笔者通过 SPSS15.0 for Windows 软件平台，对 15 项宏观训练指标进行判别处理，其结果如表 10.6 所示。

表 10.6　7 项微观技术指标的判别函数系数一览表

制胜关键性因子	Function
6 米球射门进球数（*A1*）	0.1059
边射进球数（*A2*）	0.2069
快速突破进球数（*A3*）	0.1455
突破进球数（*A4*）	0.1246
9 米协防成功次数（*A5*）	0.1776
7 米协防成功次数（*A6*）	0.3634
对突破协防成功次数（*A7*）	0.3322
（Constant）	−3.6814

注：Unstandardized coefficients。

由表 10.6 可知，通过判别处理后，从 15 项指标因子中筛选出了 7 项制胜关键性的因子，它们分别是 6 米球射门进球数、边射进球数、快速突破进球数、突破进球数、9 米协防成功次数、7 米协防成功次数、对突破协防成功次数。这 7 项因子对女子手球比赛胜负判别的影响性很大，可以说是球队取得比赛优胜的关键性技战术因素。与此同时，从表 10.6 可以看出，每个因子右侧所对应的数值即为分类函数方程的系数，Constant 为常数。因此，依据未标准化判别系数，构建了女子比赛胜负的非标准化判别方程，即判别函数方程为 $D=0.1059A1+0.2069A2+0.1455A3+0.1246A4+0.1776A5+0.3634A6+0.3322A7−3.6814$。

（2）胜负两类别函数重心坐标

依据判别分析相关知识可知，各类别重心坐标在判别分析区域中起着判别不同组别标准的统计学意义，即在一张判别散点图中区分胜负两类别之间的分界点与范围。基于此，经统计得出组质心处的函数表格，如表 10.7 所示。

表 10.7　胜负组质心处的函数一览表

组别	Function
	1
胜方	1.014
负方	−1.014

由表 10.7 可知，组质心处的函数结果给出了胜负两类别的重心在平面上的坐标，即女子手球比赛获胜时的函数重心为 1.014，这说明判别方程构建后，将有代表性的指标代入函数关系式中，越接近 1.014 这个数值，那获得比赛优胜的可能性就越大；反之，越接近 −1.014，则比赛失败的可能性就越大。

二、分析与运用

1. 判别函数方程准确性的分析

构建出了判别方程后，下一步就是对方程的准确性的检验，即判别效率高低的验证。依据判别分析对原始数据的处理得到表 10.8。

表 10.8　判别分类结果（a）情况一览表

			组别	Predicted Group Membership		Total
				胜方	负方	
内带检验 （2011 年）	Original	Count	胜方	85	3	88
			负方	4	84	88
		%	胜方	96.59%	3.41%	100
			负方	4.55%	95.45%	100
外带检验 （2013 年）	Original	Count	胜方	78	6	84
			负方	7	77	84
		%	胜方	92.86%	7.14%	100%
			负方	8.33%	91.67%	100%

注：a.96.02% and 92.26% of original grouped cases correctly classified。

由表 10.8 可知，方程 $D=0.1059A1+0.2069A2+0.1455A3+0.1246A4+0.1776A5+0.3634A6+0.3322A7-3.6814$ 对比赛胜、负的影响分别高达 96.59% 和 95.45%，胜负两者结合可知，对比赛胜负一致性判断准确率高达 96.02%，尤其是对球队比赛获胜的判断准确性高达近 97%。基于此，为了进一步地验证其准确性，笔者将 2013 年世界女子手球各队的比赛数据代入判别方程 $D=0.1059A1+0.2069A2+0.1455A3+0.1246A4+0.1776A5+0.3634A6+0.3322A7-3.6814$ 中，结果显示，判别球队比赛优胜的函数方程的外带样本检验验证的准确率也达到了 92% 以上。这充分说明，笔者运用判别分析所构建的函数方程，对预测世界女子手球队在比赛中的胜负结构具有很高的准确性。

2. 判别函数方程预判实际操作流程与应用阐述

通过对女子 15 项宏观指标数据的判别分析得出的方程 $D=0.1059A1+0.2069A2+0.1455A3+0.1246A4+0.1776A5+0.3634A6+0.3322A7-3.6814$，适合于所有的女子手球队的比赛。其操作流程如下：在实际的运用中，将球队比赛时所表现出来的 6 米球射门进球数、边射进球数、快速突破进球数、突破进球数、9 米协防成功次数、7 米协防成功次数、对突破协防成功次数这 7 项因子数据，录入方程求出 D 值，然后，将实际的 D 值与表 10.7 中各组质心处的函数重心值进行对比，如果所得 D 为正值且与胜的 1.014 值接近，即可判定该球队获得比赛的优胜；反之，假如 D 为负值且与负的 -1.014 值接近，即可判定该球队获得比赛的失败。此外，值得注意的是在判别函数方程实际操作的运用过程中，变量的标准化系数的大小与判别函数方程准确性的影响的大小成正比，这点提示我们，从事女子手球项目的教练员在安排训练时，要分清主次，权衡不同训练方法、手段等对这 7 项微观性因子的影响效果，达到科学诊断球队技战术整体实力的目的。

3. 女子手球队 7 项微观重点训练指标评估法的建立与运用

依据统计学原理中正态分布理论在制定考核标准中评定方法以及文献资料，笔者将 7 项微观重点训练指标数据的评估等级定义为优秀、良好、中等、及格、不及格 5 个等级，其各个等级比例依次设置为 10%、25%、30%、25%、10%。此外，为了使等级设置更为客观与准确，笔者又对 12 位统计学的专家进行了访谈，其结果如表 10.9 所示。

表 10.9　女子 7 项微观重点训练指标评估 5 等级适用性专家访谈结果一览表

类别	适用性等级					合计
	非常适用	适用	较适用	一般适用	不适用	
人数	5	4	2	1	0	12
比例	41.67%	33.33%	16.67%	8.33%	0.00%	100.00%

表 10.9 显示，12 位专家对笔者设置的 7 项微观重点训练指标数据评估 5 等级以及各等级的比例，认为非常适用于研究的有 5 人，适用于研究的有 4 人，较

适用的有 2 人，一般适用的 1 人，不适用的 0 人，这说明，女子手球队 7 项制胜关键因子的评估 5 等级具有较好的客观性与准确性，即客观地评价出女子手球各队的参赛实力情况。

基于以上分析，依据优秀、良好、中等、及格、不及格 5 个等级的比例配置，将各队 88 场次比赛结果的 7 项指标数据（上述已验证了这 7 项指标是服从正态分布的，故可以进行 T 分布计算）按照 T 分布进行计算，从而得出 7 项指标评价标准。其计算结果如表 10.10 所示。

表 10.10　女子手球队 7 项微观重点训练评估等级标准一览表

指标	优秀	良好	中等	及格	不及格
6 米球射门进球数（$A1$）	$A1 > 13$	$13 \geq A1 > 10$	$10 \geq A1 > 7$	$7 \geq A1 > 3$	≤ 3
边射进球数（$A2$）	$A2 > 6$	$6 \geq A2 > 4$	$4 \geq A2 > 2$	$2 \geq A2 > 0$	$= 0$
快速突破进球数（$A3$）	$A3 > 11$	$11 \geq A3 > 7$	$7 \geq A3 > 4$	$4 \geq A3 > 0$	$= 0$
突破进球数（$A4$）	$A4 > 5$	$5 \geq A4 > 3$	$3 \geq A4 > 1$	$1 \geq A4 > 0$	$= 0$
9 米协防成功次数（$A5$）	$A5 > 9$	$9 \geq A5 > 6$	$6 \geq A5 > 3$	$3 \geq A5 > 0$	$= 0$
7 米协防成功次数（$A6$）	$A6 > 5$	$5 \geq A2 > 3$	$3 \geq A2 > 2$	$2 \geq A2 > 0$	$= 0$
对突破协防成功次数（$A7$）	$A7 > 4$	$4 \geq A2 > 3$	$3 \geq A2 > 2$	$2 \geq A2 > 0$	$= 0$

表 10.10 显示了女子手球队 7 项微观重点训练指标的等级评定阈值范围。因此，世界各女子手球队尤其是中国队，可以参照表 10.10 并结合与强队的差距以及上述构建的判别函数方程，对本队的参赛实力以及日后的训练情况进行定量的评价与分析，从而为本队的竞技状态情况做出科学的诊断，以便在训练、比赛中做出科学的调整与改进。

4. 女子手球队 7 项微观重点训练指标评估法的运用与检验

为了检验 7 项微观重点训练指标评估法的客观性与科学性，笔者选取了 2013 年世界女子锦标赛 24 支队伍的数据，作为对评估法的验证，即：校验这 24 支队伍的 7 项指标评估的排名是否与 2013 年世界锦标赛上各队的排名一致。将各队的 7 项实力指标与判别胜负 7 项指标的权重比例结合计算。其结果如表 10.11 所示。

表 10.11　2013 年世界女子锦标赛 24 支队伍 7 项微观训练指标评估法排名与
实赛排名对比一览表

实际排名		7 项指标							实力评估得分	评估排名	
		A1	A2	A3	A4	A5	A6	A7			
1	巴西	及格	良好	中等	中等	良好	及格	及格	4.7842	1	挪威
2	塞尔维亚	及格	中等	及格	中等	良好	及格	及格	4.6237	3	巴西
3	丹麦	及格	中等	中等	良好	良好	及格	及格	4.6215	2	塞尔维亚
4	波兰	及格	中等	中等	中等	中等	及格	及格	4.5938	4	波兰
5	挪威	及格	中等	中等	良好	中等	及格	及格	4.5854	7	丹麦
6	法国	及格	中等	及格	中等	中等	及格	不及格	4.5583	5	德国
7	德国	中等	中等	及格	中等	中等	及格	及格	4.5425	6	法国
8	匈牙利	及格	良好	及格	良好	中等	及格	不及格	4.4136	8	匈牙利
9	西班牙	及格	良好	及格	中等	中等	及格	不及格	4.3105	9	西班牙
10	罗马尼亚	及格	中等	良好	中等	中等	及格	及格	4.2951	10	韩国
11	黑山	及格	中等	及格	及格	良好	及格	不及格	4.2221	11	罗马尼亚
12	韩国	及格	良好	中等	中等	中等	不及格	及格	4.1273	14	黑山
13	荷兰	及格	良好	及格	中等	中等	及格	不及格	3.9697	16	捷克
14	日本	及格	良好	及格	良好	及格	不及格	不及格	3.7876	13	阿根廷
15	捷克	及格	良好	及格	中等	中等	及格	不及格	3.4299	15	荷兰
16	安哥拉	及格	中等	不及格	中等	及格	不及格	不及格	3.3924	12	日本
17	突尼斯	及格	中等	不及格	及格	中等	及格	不及格	3.2541	17	安哥拉
18	中国	及格	中等	不及格	中等	及格	不及格	不及格	3.1153	18	突尼斯
19	阿根廷	及格	中等	中等	中等	中等	不及格	不及格	2.8013	19	多米尼加
20	刚果	及格	不及格	及格	中等	及格	及格	不及格	2.7087	20	中国
21	巴拉圭	及格	及格	不及格	中等	及格	不及格	及格	2.5923	21	阿尔及利亚
22	阿尔及利亚	及格	不及格	及格	及格	不及格	及格	及格	2.4198	22	刚果

续表

实际排名		7项指标							实力评估得分	评估排名	
		A1	A2	A3	A4	A5	A6	A7			
23	多米尼加	及格	中等	及格	中等	中等	不及格	不及格	2.1510	23	巴拉圭
24	澳大利亚	不及格	及格	及格	中等	不及格	不及格	不及格	1.9521	24	澳大利亚

由表 10.11 可知：

一方面，通过 7 项微观训练指标评估法得出各队的评价等级显示，世界第一梯队巴西、塞尔维亚、丹麦、波兰、挪威、法国、德国、匈牙利其 7 项微观实力指标能力均为"中等"程度以上，表现出较好的竞技水平；而第二、第三梯队在这方面明显在整体实力要差于第一梯队。

另一方面，此表数据提示我国女队在世界大赛中若与上述球队相遇的话，可以参照此表中世界各队相对薄弱的环节所在，而进行赛前有针对性的战略部署以及训练安排，这有利于帮助我国女队提高获胜的概率。

最后，我们不难看出，通过 7 项微观训练指标评估法算出的实力评估得分排名，与 2013 年世界各队比赛的最终实际排名高度一致，即第 1 至第 8 名、第 9 至第 16 名以及第 17 至第 24 名的队伍几乎一致，只是在名次排名上有微微的调整，但全部都归属于相应的梯队；这充分说明，女子手球队 7 项制胜微观指标的实力评估 5 等级对评价世界各国女子手球队的实力情况具有较好的可靠性与准确性，对我国女子手球队的比赛、训练以及竞技状态的诊断等有较高的参考价值。

第四节　结论与建议

一、结论

1. 首次选用了较为全面而实效的数据来研究对世界女子手球比赛胜负影响较大的宏观训练指标，其指标共有 15 项，分别是 6 米球射门进球数、边射进球数、7 米球射门进球数、快速突破进球数、突破进球数、助攻、失误、防守反击、封堵、6 米协防成功次数、边射协防成功次数、9 米协防成功次数、7 米协防成功次数、对快速突破协防成功次数、对突破协防成功次数，这些指标为以后的我国女子手球队乃至世界各队的训练起着间接性、整体性、超前性的宏观指导作用，为教练员、运动员以及科研人员在科学训练安排方面提供了一种新型可行的理论参考。

2. 为了抓住 15 项宏观指标的训练重点，通过判别分析，筛选出了 7 项微观重点训练指标，这 7 项指标就是当前对女子手球比赛胜负或训练效率影响最大的关键性技术指标，即 6 米球射门进球数、边射进球数、快速突破进球数、突破进球数、9 米协防成功次数、7 米协防成功次数、对突破协防成功次数，它们对球队的比赛或训练起着直接性、指向性、实效性的作用。

3. 依据 7 项微观重点训练指标所构建的方程，对于赛前预测各女子手球队的比赛胜负具有非常高的准确性，其准确率高达近 96%，其外带检验准确率也高达 92% 以上，这说明对球队参赛实力诊断的准确性还是相当高的，这为我国女队的参赛实力诊断提供了较为可靠的理论参数。

二、建议

从事女子手球运动的教练员、运动员可以参照本研究的宏观训练指标与微观重点训练指标，对球队的整个训练过程进行宏观和微观的调控；围绕宏观训练指标有助于把握球队整体技战术的发展方向，不会偏离世界女子手球运动的发展趋势，而微观重点训练指标有助于把握当前女子手球队获取比赛优胜的最为犀利的"攻—守"技战术能力，因此，具有较强的针对性的指导意义。基于此，我国女子手球队只有将宏观训练指标与微观重点训练指标相结合，才能有效地提高自己的综合竞技能力。